轨道交通特色经济管理论丛

中国交通枢纽的空间溢出效应研究

胡　煜　郭雪萌　李红昌　著

北京交通大学出版社
·北京·

内 容 简 介

本书运用集聚经济理论和经济地理理论的基本研究范式，用理论梳理和模型建构阐释了交通枢纽通过直接效应和间接效应影响区域经济发展的作用机理，并分析了交通枢纽空间溢出效应的动态变化趋势，建立了“交通枢纽综合性能—经济活动影响—集聚和扩散效应—空间溢出效应”的传导路径。运用空间计量模型从交通枢纽的空间溢出效应及交通枢纽对城市集聚经济的影响两个层面实证检验中国交通枢纽对区域经济发展的影响。

图书在版编目（CIP）数据

中国交通枢纽的空间溢出效应研究/胡煜，郭雪萌，李红昌著. —北京：北京交通大学出版社，2020. 11

（轨道交通特色经济管理论丛）

ISBN 978 - 7 - 5121 - 4350 - 0

Ⅰ. ①中… Ⅱ. ①胡… ②郭… ③李… Ⅲ. ①交通运输中心-研究-中国 Ⅳ. ①F512. 3

中国版本图书馆 CIP 数据核字（2020）第 209433 号

中国交通枢纽的空间溢出效应研究

ZHONGGUO JIAOTONG SHUNIU DE KONGJIAN YICHU XIAOYING YANJIU

责任编辑：韩素华

出版发行：北京交通大学出版社 电话：010 - 51686414

地 址：北京市海淀区高梁桥斜街 44 号 邮编：100044

印 刷 者：北京鑫海金澳胶印有限公司

经 销：全国新华书店

开 本：165 mm × 237 mm 印张：14. 5 字数：195 千字

版 印 次：2020 年 11 月第 1 版 2020 年 11 月第 1 次印刷

印 数：1 ~ 1 000 册 定价：48. 00 元

本书如有质量问题，请向北京交通大学出版社质监组反映。对您的意见和批评，我们表示欢迎和感谢。

投诉电话：010 - 51686043，51686008；传真：010 - 62225406；E-mail：press@ bjtu. edu. cn。

丛书总序

中国正在建设世界上规模最大的高速铁路、城际铁路、市域铁路和城市轨道交通网络系统，这必将对中国城市化发展带来深远影响，对提升中国城市竞争力及经济社会发展水平有十分重要的理论和现实意义。随着轨道交通的快速发展，一方面，出现了城市如何适应城市轨道交通发展，实现“造轨道就是造城市”的战略构想；另一方面，轨道交通的规划、投资、建设、运营、经营、装备制造、技术等问题也随之涌现。在城市日益成为中国经济社会发展动力源泉的时代背景下，只有进行轨道交通的“全域创新”，从制度、机制、体制、投融资、技术等方面全面推进轨道交通领域的创新，切实解决好轨道交通领域面临的各种现实困难与问题，才能促进轨道交通领域运营效率的提升和经营绩效的提高，才能更好地助力国家和城市发展战略规划的落地，也从而才能更好地实现中国经济社会发展和“中国梦”的实现。

从广义上来看，轨道交通是包括城市轨道交通（地铁、轻轨、跨座式单轨、磁悬浮等不同技术制式）、市域铁路、城际铁路和高速铁路在内的集合体。随着城市功能逐渐由城市中心和多中心向周边城市及省区的发展，轨道交通也逐渐承载了发展戈特曼意义上的城市群和城市带的重要职能。目前，中国城市和城市群发展已经到了跨越行政区边界的阶段，城市经济、社会、文化、科技的发展，一方面，需要与城市内部组团之间形成相互支撑关系，以形成城市专业化和多样化的集聚经济；另一方面，更需要与区域经济及毗邻城市乃至国家和国际范畴内的都市圈形成紧密的一体化关系，以充分发挥区域间的分工协作优势和更大范围内的市场潜力作用。

在这一不可逆转的城市化发展历史进程中，大量的资金、技术、人才、土地等稀缺资源快速向核心城市和卫星城市集中，并产生了对交通尤其是各种制式轨道交通的旺盛需求。纵观国内外发展较好的大都市区或城市群，大多形成了建立在轨道交通上的发展模式，有些国家和地区甚至提出了快轨车站城市（rail transit station city）的规划理念和实践。轨道交通已经成为降低城市出行成本、提高城市运转效率、保护生态环境、建设宜居城市的必要条件。可以说，轨道交通已经成为城市和城市群发展的奠基石，已经成为政府和市场交融创新的实验田，已经成为现代技术应用的绝佳场域，已经成为宏观经济政策、产业政策和微观管理政策变革的载体，已经成为经济管理理论和方法创新的宝库，已经成为理念、理论、实践、政策互动发展的平台。

中国已经发展到工业化、城镇化、运输化的中后期阶段，城市已经成为国家经济社会发展的重要增长极和动力源。其中，中国轨道交通取得了举世瞩目的成就和发展。高速铁路总营业里程已经跃居世界第一，“和谐号”“复兴号”高速列车动车组具有全部自主知识产权，成为引领中国经济和科技进步的重要抓手；中国城市铁路发展方兴未艾，珠三角经济圈、长三角经济圈、京津冀经济圈等数十个国家级城市圈陆续形成，城际轨道交通发展规划不断形成和得到审批；城市轨道交通建设和规划里程成为全世界关注的重大工程，不仅为装备制造、物联网、互联网+、智慧交通、TOD（transit-oriented development，以公共交通为导向的开发）等提供了坚实的运输资源支撑，而且也为新型技术制式和管理模式的探索创新提供了独一无二的舞台。

中国轨道交通实践的快速发展进程，亟需相应的轨道交通特色经济管理理论和方法的总结、概括、提炼、提升与创新。“轨道交通特色经济管理论丛”就是在这一特殊的中国城市化发展进程中提出的。它的理论脉络可以追溯到亚当·斯密、马歇尔、杜彼特、马克思等时代，在古典经济学、新古典经济学、现代经济学及相应的管理理论上得到体现，也可以在现代轨道交通的投融资理论、外部性理论、TOD 理论、人力资本理论、价值捕获理论、网络形态理论、管制理论、时空经济理论、PPP（public-private partnership，政府和社会资本合作）理论、资源流－价值流理论等得到全面展示。基于城市化发展的中国轨道交通发展所呈现出来的理论机遇、方法机遇、案例机遇，都是世界范围内前所未有的，都是激动人心的，都是值得深入挖掘的。这就是轨道交通特色经济管理论丛的写作动机和初衷所在。

在理论机遇方面，轨道交通不仅是现代经济管理理论应用的对象，更是对传统经济管理理论进行创新的源泉。第一，轨道交通提供的是无形的位移运输产品，其产品具有不可储存性，其生产和消费过程具有同一性，从而导致轨道交通调度指挥、通信信号、电力供应、人员配套等必需按照高度“自律系统”要求进行资源配置，单纯的市场经济交易原则已经不能适应轨道交通发展的需要。第二，轨道交通服务的对象包括旅客、货主、城市居民、城市功能、区域经济和国民经济发展，很少有企业像城市轨道交通那样，在制定发展战略时，要综合考虑内外部各种因素，既有服务于轨道交通自身的可持续发展，又要充分发挥其对城市和区域经济乃至国民经济的支撑与拉动作用，这就是“建地铁就是造城市”“建地铁就是提升城市价值”“建地铁是百年工程”等判断的理论依据。第三，城市轨道交通涉及但不限于规划、设计、投融资、建设、运营、经营等多个环节，涉及多个利益相关者，可以采取多种形式的 PPP 形式。在这一过程中，如何实现

“多规合一”，如何实现票务资源和非票务资源的协同开发，如何实现政府与市场的有机互动，如何实现轨道、产业、城市的循环互动，如何打造地铁特色的文化形态等，都具有十分重大的理论意义。第四，城市轨道交通一方面会涉及投融资理论、技术经济理论、财务会计理论、管理理论、经济学理论等，另一方面也会形成独特的轨道交通元素流－业务流－价值流理论、成本核算理论、“土地＋轨道”综合开发理论、政治关联理论、政策创新理论等，不一而足。

在方法机遇方面，轨道交通领域是很多现代经济管理方法甚至是技术方法的实验“靶场”。由于轨道交通的发展，使得网络协同技术、联调联试技术、CBTC（communication based train control system，基于通信的列车自动控制系统）技术、能量回馈技术、云轨技术、物联网技术、智慧交通技术、综合交通技术、通信信号技术、工务维修技术、车辆运营编组技术、现代装备制造技术、综合运营管理技术、云计算技术等，都有了很好的实践和应用场所。回顾过去轨道交通发展的历史，我国已经形成了自成体系的城市轨道交通工业体系，相应的工程技术、管理技术、经济技术等，由于中国庞大的轨道交通发展体量和市场规模，已经开始孕育出方方面面的方法机遇，为政策制定者、城市管理者、科技工作者、工程建设者、文化创作者等进行“全域创新”提供了难得的际遇。

在案例机遇方面，中国城市众多，地域复杂，文化多样，条件各异，在轨道交通理念、理论、模式、方法、实践、政策等各个方面精彩纷呈，各有千秋。目前，北京采取了投资、建设、运营“三分开”体制，上海、广州、深圳采取了集团公司模式，徐州1、2、3号线采取了PPP模式，高铁新城、城际星城、地铁小镇、上盖物业、地下商城等案例层出不穷。在技术上，如何实现运营成本的降低；在财务上，如何防止轨道交通出现债务风险，实现可持续发展；在经济上，如何实现外部效益最大化，促进城市竞争力的提升；在政策上，如何创新规划、土地、工商、税收、人力资源、户籍、科技等政策，发挥制度创新优势等，均有相应的轨道交通发展案例经验支撑。

北京交通大学经济管理学科起源于1896年设立的清政府时期的铁路管理传习所，是中国最早的以轨道交通为特色的商科院校。近年来，在高速铁路、城际铁路、市域铁路、城市轨道交通领域的经济管理研究过程中，取得了国内外同行广泛关注的优秀成果。按照“传承历史传统，承载现代使命，发展轨道交通，改善社会福祉”的原则，我们陆续出版“轨道交通特色经济管理论丛”，旨在鼓励包括北京交通大学在内的国内外研究学者把理论和实践成果以著述形式留存下来，不仅展示轨道交通领域经济管理领域的研究成果，更希望能够与国际上先进的轨道交通经济管理理论和方法有机结合起来，促进我国轨道交通经济管理理论和方法的不断发展。

“轨道交通特色经济管理论丛”的作者包括国内外轨道交通行业专家、学者、从业人员、在校博士生和硕士生，希望本论丛成为聚集轨道交通经济管理发展智慧，促进“知行合一”的知识传播媒体。我们特别感谢北京交通大学经济管理学院、基础产业研究中心和北京交通发展研究基地提供的良好的研究环境，感谢北京交通大学出版社的编辑们付出的辛勤劳动。由于相关管理人员、出版人员和行业专家的大力支持和帮助，本丛书终于能够付梓。本丛书的阅读对象是理论研究者、政策制定者、管理者及高校相关专业的师生。

2020年9月

于北京交通大学

丛书编委会成员

前　言

交通枢纽是交通运输网络中的重要组成部分，它可作为交通网络的枢纽节点和客货流集散中心。纵观世界历史，交通枢纽的兴衰对于当地乃至周围区域的经济社会发展有重要影响，伊拉克首都巴格达坐落于欧亚大陆的交通要道之上，在一千多年前就成了阿拉伯地区的政治、经济、商贸、文化中心。当时巴格达的交通四通八达，商贾辐辏云集，市场店铺林立，东西方文化交融，阿拉伯民间故事集《一千零一夜》中就描绘了巴格达的城市美景和特殊的风土人情。敦煌作为古代丝绸之路的必经之路，当时亚欧大陆诸多文明与多重交通网络在此交汇，一度成为西域交通的中枢，不仅成为国际商贸中心，还成了文化交流的荟萃之地。但受到海运技术进步和战乱的影响，陆上丝绸之路逐渐荒废，这些曾经的交通枢纽都逐渐衰败，敦煌甚至从明朝中期开始有两百年时间无行政建制。

伴随着陆上交通枢纽的衰败和水运技术的成熟，海上的交通枢纽逐渐兴起。伦敦最初建立城镇就是依托于伦敦港，到 18 世纪的时候伦敦港已经成为当时世界上最大的港口，伦敦也逐渐成为当时全球最大的贸易和金融中心。纽约作为一个港口城市，最初相较于美国东部其他港口城市并没有明显的优势，但随着19世纪初连通五大湖与纽约哈德逊河的伊利运河正式开通，纽约开始迅猛发展。1800年，纽约进出口货物只占到美国整体的9%，但到了1860年，这个比例大幅增长到了62%，纽约也逐步成为美国乃至全世界的经济中心。

自改革开放以来，中国许多沿海港口和内陆交通枢纽凭借区位优势取得了长足的发展，全球港口吞吐量前十中有7个在中国，高速铁路里程比世界上其他所有国家加起来还要多。最具代表性的深圳特区，从40年前的小渔村变为了全球知名的大城市，深圳也成为国家级的交通枢纽城市，在各类交通网络中都扮演着重要的角色。政府部门对于交通枢纽的建设发展也日益重视，近几年公布的“一带一路”倡议，“交通强国”战略等重要文件，以及铁路、公路等各类交通专项规划中都对交通枢纽的建设发展提出了要求。

不过现阶段中国交通枢纽的发展仍然存在一些问题，特别是很多交通枢纽对周围区域产生明显的虹吸效应，加剧了区域经济发展的不平衡，如北京市周围许多县镇的经济发展状况不佳，甚至被人称为“环首都贫困带”。在中国越来越重视区域经济协调发展的背景下，交通枢纽对区域经济发展的空间溢出作用机理和传导路径是什么？中国交通枢纽空间溢出效应有着怎样的作用方向和影响强度？本书尝试对上述问题进行分析探讨，希望为交通枢纽引领我国区域经济的协调发展提供借鉴。

本书第二章通过分析国内外的相关文献，发现上述问题仍有待进一步研究。首先，集聚经济理论、经济地理理论等对于交通运输与经济发展关系的研究较多，但对于交通枢纽及空间溢出效应的研究较少；其次，交通枢纽对区域经济发展影响的研究大多侧重于定性分析和案例研究，缺乏交通枢纽空间溢出效应的定量证据；最后，中国交通枢纽对区域经济发展影响的差异日益明显，相关理论和实证研究对中国实际情况研究不足，无法支撑交通政策的科学制定和合理实施。

本书第三章通过对中国交通枢纽发展历程、现状及典型地区交通枢纽的分析，总结说明中国交通枢纽的发展特点、变化趋势、空间分布及对区域经济发展的影响。通过研究发现，中国交通枢纽已经从零散分布的古代交通枢纽逐步发展为成体系的现代化交通枢纽，从地理条件和政治地位为主导动力逐渐转变为交通条件和经济水平为主导动力，从单一交通方式的交通枢纽逐渐发展成综合交通枢纽，从点状发展逐渐升级成以点带面的网络全面发展；中国交通枢纽现阶段的空间分布呈现出明显的空间相关性，大部分高等级交通枢纽都集中于东部沿海地区，中西部地区的交通枢纽发展水平日益提高，总体空间分布日趋平衡；交通网络结构、不同等级交通枢纽比例、非核心交通枢纽之间的交通连接等因素会影响不同区域交通枢纽的空间溢出效应。

本书第四章运用集聚经济理论和经济地理理论的基本研究范式，用理论梳理和模型建构阐释了交通枢纽通过直接效应和间接效应影响区域经济发展的作用机理，并分析了交通枢纽空间溢出效应的动态变化趋势，建立了“交通枢纽综合性能—经济活动影响—集聚和扩散效应—空间溢出效应”的传导路径。交通枢纽综合性能的改善可以提高交通网络效率、增加交通区位优势、改变区域空间形态，从而对空间溢出效应产生直接的影响，同时这三个方面的改变还会产生集聚效应和扩散效应，进而间接影响空间溢出效应，而空间溢出效应会进一步影响区域经济发展，不断发展的区域经济又对交通枢纽的综合性能提出了新的要求，这种引致需求会导致交通枢纽性能的持续改进，产生了交通枢纽空间溢出效应的循环强化机制。我们发现大多数交通枢纽相较于周围区域拥有更高的市场潜能，在交通枢纽处更容易形成城市，交通枢纽的快速发展有可能使周围区域的发展速度放慢，甚至引发衰退；随着交通枢纽综合性能的提高，交通枢纽对于周围区域经济发展的影响愈加明显；交通枢纽的发展过程可以分为初始期、集聚期、扩散期和成熟期，随着交通枢纽发展水平的不断提高，其空间溢出效应将呈现出“集聚—扩散—动态均衡”的变化规律。

本书第五章和第六章基于上述交通枢纽空间溢出效应的作用机理和传导路径，从经济产出和劳动生产率两个方面考察空间溢出效应，构建了交通枢纽空间溢出效应的计量模型，利用空间计量方法对2003—2014年中国地级及以上城市的面板数据进行了实证检验。在得到全国层面的实证结果的基础上，为了得到更为全面完善的结论，进一步按照东、中、西部的划分，三次产业的分类进行了分组检验。我们发现中国不同等级的交通枢纽都对周围区域的经济产出有显著的空间溢出效应，而且在200 km范围内表现最为显著；从空间溢出效应大小来看，全国性交通枢纽稍大于区域性交通枢纽，两者皆明显大于地区性交通枢纽；东、中、西部交通枢纽的空间溢出效应差异明显，东部地区各类交通枢纽都有显著的正向空间溢出效应，特别是全国性交通枢纽的空间溢出效应尤为明显，中部地区空间溢出效应最为明显的是区域性交通枢纽，西部地区的全国性和区域性交通枢纽的空间溢出效应并不显著，地区性交通枢纽甚至有负向的空间溢出效应。不同的交通枢纽对于当地劳动生产率的影响有显著不同，全国性交通枢纽只对第三产业有显著的正向影响，对第二产业的影响不显著，区域性交通枢纽和地区性交通枢纽对所有产业的劳动生产率都有显著的正向影响；全国性交通枢纽和区域性交通枢纽都对周围区域有显著的正向空间溢出效应，不过二者的空间溢出效应都主要集中在第二产业，而对第三产业无显著的影响，地区性交通枢纽则对周围区域的二、三产业劳动生产率都有显著的正向空间溢出效应；从空间溢出效应的大小来看，全国性交通枢纽和区域性交通枢纽对第二产业的影响差距不大，但都高于地区性交通枢纽。

本书利用集聚经济理论和经济地理理论构建了交通枢纽空间溢出效应的理论分析框架，运用空间计量模型从交通枢纽的空间溢出效应及交通枢纽对城市集聚经济的影响两个层面实证检验中国交通枢纽对区域经济发展的影响。虽然本书的研究还有很多不足，但是希望能够完善中国交通枢纽与经济发展关系的理论研究，为中国交通枢纽的建设发展提供一定的理论支持和政策建议。

作者

2020 年 10 月

目　录

第一章 引言

第一节 交通枢纽兴衰与区域经济发展的紧密联系

区域经济发展与其交通条件有着紧密的关系，世界上很多大城市都是重要的交通枢纽，纽约、伦敦等国际大都市的兴起和发展都与其交通枢纽的身份有关。作为区域内的重要交通枢纽，可以吸引疏散周围区域的各类生产要素，影响区域经济发展，而且随着交通枢纽经济的不断发展，其交通条件又会不断改善，对周围区域经济发展的影响也日趋增大。自改革开发以来，随着中国经济的快速发展，许多城市利用沿海港口或内陆交通枢纽的区位优势取得了巨大的成功，诞生了上海、北京、广州等一大批发展良好的交通枢纽。根据国家统计局的数据，近几年中国 GDP 总量前十的城市几乎都是重要的交通枢纽，而且这些交通枢纽不仅成为中国经济发展的中流砥柱，还带动了周围区域经济的快速发展，形成了长三角、京津冀等一批城市群。

虽然近年来中国交通运输经过持续快速发展，已经初步形成以“五纵五横”为主骨架的综合交通运输网络，高速公路、高速铁路的里程长度都是世界第一，但是中国交通枢纽建设发展滞后的问题却愈加突出，影响了交通网络整体效率的发挥和综合运输方式的开展，难以支持区域内经济活动的高效运行，影响了区域经济发展。中国运输业已经发展到了节点和枢纽在更大程度上决定网络效率的阶段，需要从各种运输方式独立发展向综合运输发展转变，由通道建设为主向通道枢纽建设并行转变[1]。此外，由于近现代中国交通运输和经济发展的落后，很长一段时间以来中国都将交通运输的建设发展重点放在支撑经济发展，推动产业集聚，提高核心城市的竞争力，这也造成了区域差距的出现，在很多地区这种差距日益明显，已经影响到了区域的协调稳定发展。近年来随着中国经济和交通运输的不断发展，中国已经将交通运输的建设重点转变为支撑引领经济社会发展，利用交通运输推进以人为核心的新型城镇化，实现区域经济的协调发展，各级政府部门开始注重交通枢纽的建设发展，以打造和强化枢纽结点功能为核心，进行通道布局的发展理念渐趋成为交通发展规划的主导思想。

国家在近期公布的一系列重要政策文件中都体现了对于交通枢纽建设发展的重视。“十三五”规划纲要中明确提出要打造一体衔接的综合交通枢纽，优化枢纽空间布局，建设北京、上海、广州等国际性综合交通枢纽，提升全国性、区域性和地区性综合交通枢纽水平，加强中西部重要枢纽建设，推进沿边重要口岸枢纽建设，提升枢纽内外辐射能力。《国家新型城镇化规划(2014—2020年)》中提出优化城镇化布局和形态，加强中小城市和小城镇与交通干线、交通枢纽城市的连接。《关于依托黄金水道推动长江经济带发展的指导意见》明确提出加快建设上海、南京等14个全国性综合交通枢纽，有序发展区域性综合交通枢纽，提高综合运输体系的运行效率。《推动共建丝绸之路经济带和21

世纪海上丝绸之路的愿景与行动》指出要发挥新疆独特的区位优势和向西开放重要窗口作用，深化与中亚、南亚、西亚等国家交流合作，形成丝绸之路经济带上重要的交通枢纽，加强上海、天津、宁波—舟山、广州等沿海城市港口建设，强化上海、广州等国际枢纽机场功能。最近中国在一些区域性规划中还选定了北京、上海、广州、天津等国家中心城市，对每个城市发挥的交通枢纽作用进行了细致区分和长远规划。这些全国性和区域性的规划都愈加重视交通枢纽的建设发展，规划中交通枢纽的功能也逐渐增加，不再只是简单的交通转运点，还要通过交通枢纽的辐射能力，带动周边区域的经济整体发展。

此外，政府部门还会根据交通方式的不同，编制出不同类型的交通枢纽。早在 1992 年，交通部就组织编制了《全国公路主枢纽布局规划》，确定了全国 45 个公路主枢纽的布局方案，此后为适应新时期公路交通发展的要求，在《全国公路主枢纽布局规划》的基础上，2007 年又制定了《国家公路运输枢纽布局规划》，共确定 179 个国家公路运输枢纽，其中 12 个为组合枢纽。铁路部门在“十一五”规划中就核定了六个大的枢纽性客运中心和十个大的区域性客运中心，在 2016 年新修订的《中长期铁路网规划》中确定构建北京、上海、广州、武汉、成都等 19 个综合铁路枢纽。民航局也在官方文件中核定北京、上海、广州为 3 个大的门户复合枢纽机场，重庆、成都、武汉、郑州等 8 个大的区域枢纽机场，深圳、南京、杭州、青岛等 12 个大的干线机场。为顺应中国综合交通的发展需要，2007 年国家发展和改革委员会颁布的《综合交通网中长期发展规划》中规划了 42 个全国性综合交通枢纽，并以综合运输大通道和综合交通枢纽为重点，加快发展综合运输体系，提高交通运输系统的整体效率。

虽然随着中国越来越注重交通枢纽的建设发展，针对交通枢纽的相关政策与规划逐渐增多，但是在交通枢纽的建设发展过程中还是出现了许多问题，特别是许多交通枢纽对周围区域产生明显的空吸效应，影响了区域经济的协调发展。政府有关部门在制定交通枢纽相关政策时希望交通枢纽可以引导区域经济的协调发展，但是中国很多区域由于交通网络建设不完善，产业结构不合理或政策制定不平衡等因素，交通枢纽利用自身的强大集聚效应实现了经济的长足发展，却没有实现和周围区域的良性互动，对周边区域产生了明显的空吸效应，不仅没有带动周围区域经济的共同发展，反而使得交通枢纽与周围区域的经济发展差距日益扩大。如北京作为中国最重要的数个全国性交通枢纽之一，周围却有河北省的大量贫困县，亚洲开发银行在2005 年就针对这一现象提出了“环首都贫困带”概念，而十余年的时间过去，这种现象并没有得到明显好转，亟须在未来京津冀一体化发展过程中注重这一情况。武汉号称九省通衢，是中部地区最为重要的交通枢纽之一，其经济产出占据了湖北全省的三分之一以上，与其周围城市的经济发展呈现出明显差距。成都作为西南地区的重要交通枢纽，其经济产出也占据了四川全省的三分之一以上，周围不乏贫困县。东、中、西部地区都有不少交通枢纽在发展过程中呈现出明显的空吸现象。考虑到中国与欧美发达国家城镇化水平的差距，在将来一段时期内中国还会有大量人口从农村进入城市，交通枢纽对于周围区域的空吸效应很可能会进一步延续，如果不能妥善解决这一问题，将不利于中国经济社会的协调稳定发展，因此有必要对中国交通枢纽的空间溢出效应进行深入研究。

此外，中国交通枢纽目前还呈现出以下问题。

（1）现有规划数量繁多，较为混乱，不利于实际建设。国家发改委、交通运输部等部门对于交通枢纽都有自己的规划，不同部门之间对于交通枢纽的划分大不相同，有的城市或是公路枢纽，或是铁路枢纽，有的城市同时是综合交通枢纽、公路枢纽和铁路枢纽。此外，地方政府对于交通枢纽的划分也与中央政府不一致，而且规划中都喜欢冠以“全国性”或“国际性”综合交通枢纽的大帽子，使得在枢纽的规划、建设等工作过程中，在一个地区可以出现多个全国性交通枢纽，例如，河南省有超过半数的城市号称要打造全国交通枢纽城市，自从“一带一路”倡议提出之后，更是几乎所有相关省份和其中的大中型城市都提出要成为其中的交通枢纽，甚至是所谓的“桥头堡”，这种各自为政的无序竞争造成了资源不必要的分散和浪费，影响了交通网络的整体效率。

（2）规划交通枢纽时缺乏依据，规划目标难以实现。目前国内对交通枢纽等级的界定及发挥的功能主要都集中在全国或区域性综合运输体系规划中，但是这类规划主要是面向未来，根据地理区位，利用定性分析或宏观指标描述进行划分的，缺少对于某个具体交通枢纽城市目前发展到什么程度，在全国所有交通枢纽中属于什么层次的定量分析。这样偏主观的规划实施起来就会存在很多问题，例如，《综合交通网中长期发展规划》的规划期已经过去了十几年，但规划中确定的42个全国性综合交通枢纽仍有不少明显未达到当时的功能定位，具体到某个交通枢纽，也无法得知其功能作用是否达到其他交通枢纽的水平。很多区域性交通规划也存在同样的划分偏主观的情况，使得最后难以实现规划目标，同时也难以对交通枢纽发展水平进行定量分析，造成了交通枢纽建设、发展工作上的困扰，也对下一步交通网络的合理布局造成了影响。

在理论研究方面，虽然对于交通枢纽与区域经济发展之间关系的研究由来已久，但是主流经济学很长一段时间都忽视了交通枢纽的作用，关于交通枢纽的研究大多从交通运输规划的角度思考其规划发展的问题，直到 Fujita 和 Mori[2] 构建模型从集聚经济的角度解释交通枢纽对于空间经济演化的影响，这方面的研究才逐渐被主流经济学所重视。在此之后，许多学者对于交通枢纽形成与发展的机制进行了研究，认为地理区位[3]、气候温度[4]等自然禀赋和政治因素[5]对于交通枢纽的形成有重要的影响。此外，学者们还发现区域经济发展存在路径依赖，一个城市因为交通条件优势开始发展，即使之后这种禀赋优势不再明显，城市也依旧能够繁荣发展，如 Bleakley 和 Lin[6]利用美国历史上的内河转运港口城市进行研究发现，虽然水运已经不是现在美国的主要运输方式，但是这些城市与邻近地区相比，今天的人口密度依然更高，经济活动也更频繁。

由于城市经济在发展时存在这种路径依赖，交通运输条件的改善能够引导城市发展的重要力量，交通枢纽可能对区域经济的发展产生极其深远的影响，因此近年来中国一些学者对于交通枢纽与经济发展的关系进行了研究。丁金学等[7]回顾了中国历史上交通枢纽的演进过程，将交通枢纽城市分布格局的发展过程和空间特征大致分成了秦汉至南北朝、隋唐、宋朝至辽金时期、元明时期、清朝和民国至今 6 个阶段。发现古代交通枢纽在形成初期主要受城市和自然条件的影响，并且在早期受政治影响比较大，随着枢纽的发展，经济和交通因素对交通枢纽的影响作用逐渐加强，交通枢纽在发达的交通线路的沟通下逐渐形成网络，结构也渐趋稳定。杜彩军和董宝田[8]围绕几个典型铁路枢纽城市的货运发展与经济增长展开分析和比较，提出铁路交通枢纽的发展依赖于区域经济的发展，公路交通枢纽的发展依赖于城市经济的发展。

总的来说，中国政府部门日益重视交通枢纽的建设和发展，将其视为综合运输体系中的关键部分，从而实现交通运输支撑引领社会经济发展的功能，但是中国交通枢纽目前还存在许多问题，其中最为突出的就是很多交通枢纽对于周围区域产生了明显的空吸作用，影响了区域经济的协调发展。在这样的现实背景下，对于中国交通枢纽与区域经济关系的研究大多集中于定性分析和案例研究，缺乏对于交通枢纽空间溢出效应的理论和实证分析，亟须完善关于交通枢纽空间溢出效应的理论研究，建立交通枢纽空间溢出效应的作用机理和传导路径，并且利用计量方法实证分析中国交通枢纽对于周边区域的空间溢出效应，从而为中国交通枢纽的发展提供一定的理论参考和建议，支撑引领经济社会的协调发展。

第二节 研究交通枢纽对于区域经济发展影响的重要意义

交通枢纽是交通运输网络中的重要组成部分，作为交通网络的枢纽节点和客货流集散中心，会对区域经济发展产生深远影响。在中国越来越重视区域经济协调发展的背景下，很多交通枢纽却对周围区域产生了明显的空吸作用，扩大了区域经济的差距，因此本书提出以下研究问题：第一，交通枢纽对区域经济发展的空间溢出作用机理和传导路径是什么，交通枢纽究竟是如何影响周围区域经济的发展，对于周围区域经济发展的影响是否有规律可循。第二，中国交通枢纽空间溢出效应有着怎样的作用方向和影响强度，交通枢纽的空间溢出效应是否对于周围区域的经济产出和劳动生产率都具有影响，中国不同区域交通枢纽的空间溢出效应有什么差异，中国该如何针对不同区域交通枢纽发展水平的不同，制定差异化的交通政策。

针对上面提出的研究问题，作者利用多种研究方法开展了研究，得到了一系列有价值的结论，有着较强的理论意义和现实意义。

一、理论意义

从理论意义方面来看具有以下几点。

（1）虽然作为本书理论基础的集聚经济理论和经济地理理论已经有了很长的发展历史，近年来经济学家们也不断地对相关理论进行改进，使其得到了长足的发展，可以此为基础分析交通枢纽的空间溢出效应。不过相关理论对于交通枢纽与区域经济发展关系的分析都不够深入，并未进行深入的研究，本书提出的交通枢纽空间溢出效应作用机理和传导路径可以对相关理论的研究进行有益的补充，为将来对于交通枢纽的研究打下良好的基础。

（2）中国对于交通运输与经济发展关系的研究相较于西方学者的研究本就较为落后，对于交通枢纽的研究更是不够系统和深入，已有的研究大多基于某个具体交通枢纽进行案例分析，缺乏理论深度，无法全面思考中国交通枢纽发展中面临的机遇与挑战。本书通过对中国交通枢纽发展历程的梳理和总结，基于交通枢纽空间溢出效应的作用机理和传导路径，对中国交通枢纽发展现状进行了分析，是对目前中国交通枢纽理论研究的深化，有利于中国学者将来对于交通枢纽的后续研究。

（3）中国以往对于交通枢纽的研究缺乏利用实证证据，绝大部分都是理论探讨或利用某一个交通枢纽的数据进行实证分析，所得到的结果不具有普遍性的实证结果支持，对于幅员辽阔的中国来说，案例研究有因地制宜的优点，但是普遍性的实证分析更能反映全国交通枢纽的发展情况和特点。本书利用空间计量模型构建实证模型，估算了中国交通枢纽的空间溢出效应大小，以及交通枢纽对于城市集聚经济的影响，这使得本书的研究结果具有较强的普遍性和科学性，便于不同地区的交通枢纽参考研究结果，结合自身发展情况制定差异化的政策。

二、现实意义

从现实意义方面来看具有以下几点。

（1）中国过去这些年对交通运输进行了大规模的投资，而且对于交通运输的投资不仅没有衰退的趋势，还在一直增加，交通运输部数据显示，2019 年全年完成交通固定资产投资超过 3.2 万亿元。如此巨量的投资更加需要合理的运用，从而发挥出最大的效用，促进国民经济社会快速稳定发展，因此有必要对于交通枢纽进行深入的研究，完善交通网络的节点建设，提升交通网络的运行效率，促进区域经济协调发展。

（2）本书采用中国地级及以上城市数据，运用严谨的计量统计方法进行研究，得到了比较可靠的普遍性结果，有利于加深人们对于交通枢纽与区域经济发展之间关系的认识，使得政府部门制定有关交通枢纽的政策时更具有全局性，为中国交通枢纽辐射周围区域经济发展，支撑区域经济协调发展带来了重要的政策参考价值。

（3）随着近年来对于交通枢纽建设重视程度的不断提高，中国许多政府部门针对交通枢纽提出了自己的规划和设计，但是目前来看各类规划中交通枢纽分级较多较杂，容易在实际的建设发展过程中造成混淆，使得交通枢纽错误估计自己的发展水平，不能根据实际情况进行建设，不仅完不成建设目标，还会造成资源的浪费，本书对于中国交通枢纽的等级利用计量方法进行了科学的测算，可以为中国交通枢纽的规划建设提供一定的借鉴。

第三节　本书安排

一、章节安排

本书在中国大力发展交通枢纽，推动区域经济协调发展的背景下，分析交通枢纽对于周围区域经济发展的影响，即其空间溢出效应。以集聚经济理论、经济地理理论及空间计量理论为基础，梳理相关文献对于交通枢纽空间溢出效应的研究进展与研究不足，提出交通枢纽空间溢出效应作用机理和传导路径，通过对中国交通枢纽发展历程的梳理，总结中国交通枢纽发展过程中呈现出来的特点和问题，并进一步利用中国地级及以上城市的数据实证检验交通枢纽对于周围区域经济产出和劳动生产率的空间溢出效应，最终得到本书的研究结论，提出相关的政策建议，本书具体的研究思路见图 1－1。

本书的具体章节安排如下：

第一章，引言。首先结合中国交通运输及经济社会发展的阶段特点，分析总结现阶段中国交通枢纽规划发展的不足，提出研究背景，其次在本文研究背景的基础上，提出本书相应的研究问题，然后详细阐述本书的研究思路及运用的研究方法，最后总结本书的主要创新点。

第二章，交通枢纽相关研究回顾。这部分主要内容有三个方面：第一，在理论基础方面，梳理总结国内外文献，分别对集聚经济理论、经济地理理论及空间计量理论的发展历程与发展现状进行了综述；第二，在交通枢纽对经济发展影响的相关研究方面，详细说明交通枢纽的概念与分类，梳理国内外文献对于交通枢纽与经济发展关系的相关研究，总结研究进展与不足；第三，

研究背景
研究问题提出
相关研究综述
集聚经济理论
经济地理理论
空间计量理论
理论基础
交通枢纽的概念与分类
空间溢出效应的概念与分类
交通枢纽与经济发展关系的相关研究
交通运输空间溢出效应的相关研究
发展历程与现状分析
发展历程
先秦时代
秦汉时代
隋唐宋时代
元明清时代
近代
现代
发展特点
交通指标
交通枢纽等级测度
经济指标
中国交通枢纽发展现状分析
典型地区交通枢纽对比分析
理论分析
作用机理
总体作用机理构建
数理模型阐释
动态变化趋势分析
传导路径
交通枢纽综合能力
经济活动影响
集聚效应与扩散效应
空间溢出效应
实证分析
中国地级市的数据
空间计量方法
总量
效率
对经济产出影响的实证分析
对劳动生产率影响的实证分析
实证检验
实证检验
实证结果说明
实证结果说明
研究结论、政策启示及研究展望

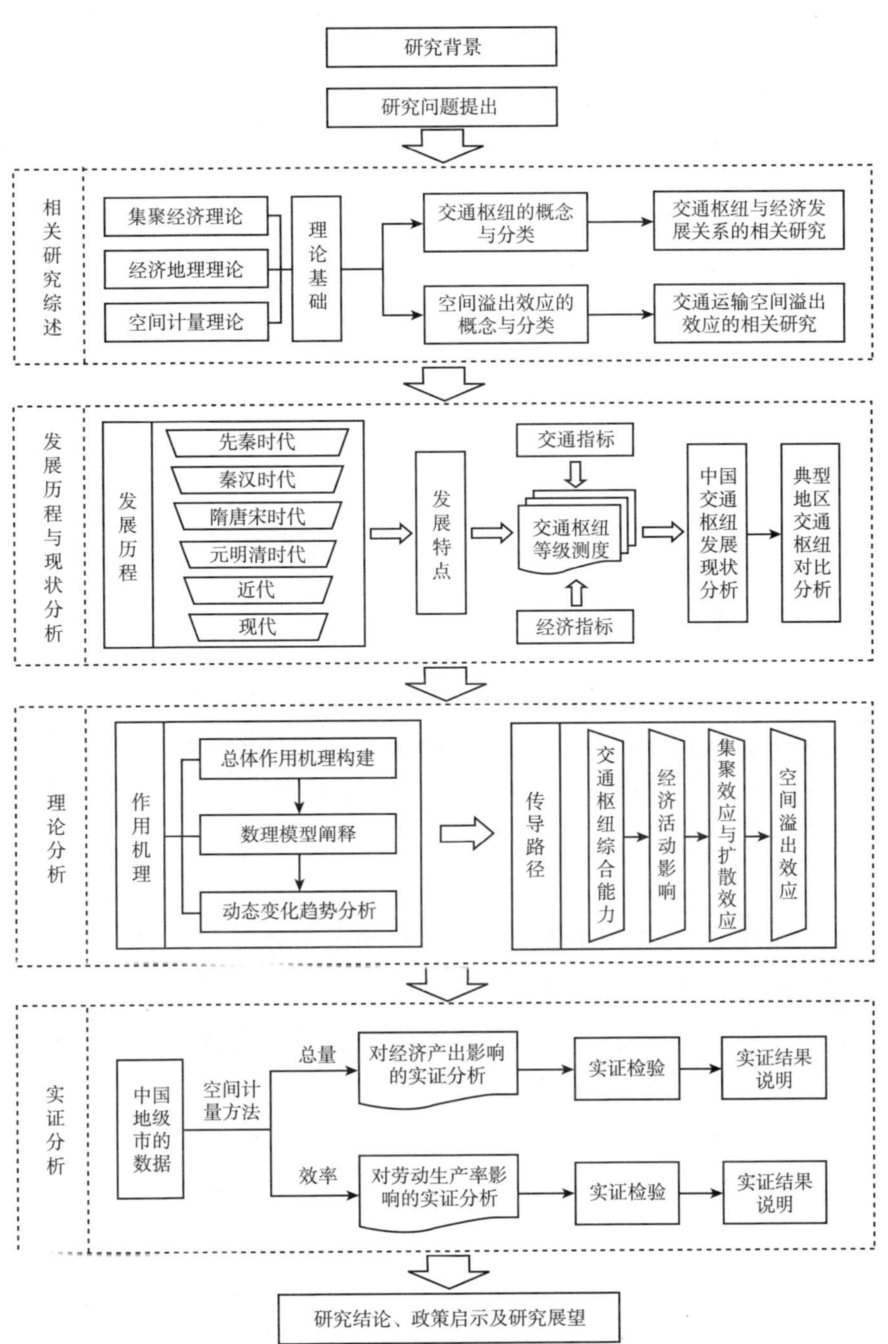

图 1－1 研究思路图

在交通运输对经济发展的空间溢出效应相关研究方面，详细说明空间溢出效应的概念与分类，梳理总结近些年国内外学者对于交通运输空间溢出效应方面的研究，总结研究进展与不足。

第三章，中国交通枢纽的发展历程及现状分析。对中国古代交通枢纽和近现代交通枢纽的发展历程进行简要说明，通过对中国交通枢纽发展历程的分析，总结其发展特点，然后利用中国地级及以上城市的数据，对中国交通枢纽的等级进行了测算，得到本书的交通枢纽等级划分，接着对中国交通枢纽的发展现状进行分析，并且对京津冀地区、长三角地区和珠三角地区这三个典型地区的交通枢纽进行了对比分析，从而得到中国交通枢纽空间溢出效应的初步分析结果。

第四章，交通枢纽空间溢出效应的理论分析。运用集聚经济理论和经济地理理论的基本研究范式，理论梳理和模型阐释了交通枢纽通过直接效应和间接效应影响区域经济发展的作用机理，并分析了交通枢纽空间溢出效应的动态变化趋势，建立了“交通枢纽综合性能—经济活动影响—集聚和扩散效应—空间溢出效应”的传导路径。

第五章，中国交通枢纽对经济产出的空间溢出效应实证分析。为了量化估计中国交通枢纽的空间溢出效应，本书基于交通枢纽空间溢出效应的作用机理，运用空间计量模型构建交通枢纽空间溢出效应的估计模型，利用中国地级及以上城市的面板数据进行实证分析，在得到全国层面的实证结果的基础上，进一步按照东、中、西部的划分，对不同地区交通枢纽的空间溢出效应进行估计，最后对实证研究的结果进行总结。

第六章，中国交通枢纽对劳动生产率的空间溢出效应实证分析。在实证估计了中国交通枢纽空间溢出效应的基础上，探究交通枢纽对于城市劳动生产率的影响，从而更好地理解本书建立的交通枢纽空间溢出效应的作用机理和传导路径。根据实证结果分析中国交通枢纽现阶段对于城市劳动生产率的影响，并且进一步划分第二产业和第三产业，研究交通枢纽对于不同产业劳动生产率的影响，最后对实证研究的结果进行了总结。

第七章，本书启示与未来展望。此章对全书进行了总结，归纳出本书的主要研究结论，在此基础上为中国交通枢纽的建设发展提出相应的政策建议，最后对下一步的研究进行了展望。

二、研究方法

本书试图在集聚经济理论和经济地理理论的基础上，构建交通枢纽空间溢出效应的分析框架，并利用中国地级及以上城市的面板数据进行了实证研究。为了使研究结论更加科学可靠，本书使用多种研究方法从多个角度进行了研究，本书具体所采用的研究方法主要有以下几种。

1. 理论分析与实证分析相结合

本书对既有的国内外相关研究文献进行梳理，总结分析交通枢纽空间溢出效应的相关研究成果，通过逻辑推理和构建数理模型的方法构建了本书理论分析的核心框架，即交通枢纽空间溢出效应的作用机理和传导路径，并做出相应的理论解释。在理论分析的基础上，本书采用中国地级及以上城市的面板数据进行实证分析，有效地验证了理论假说，做到理论分析与实证分析相结合。

2. 定性分析与定量分析相结合

交通枢纽空间溢出效应的产生及作用过程是一个复杂的过程，受到诸多因素的影响，为了更全面深入地探讨交通枢纽的空间溢出效应，本书采用定性分析与定量分析相结合的方法。定性分析主要包括：对以往研究交通枢纽空间溢出效应的相关国内外文献进行归纳总结，在集聚经济理论和经济地理理论的基础上建立本书的研究假设和理论；分析梳理中国交通枢纽的发展历程，总结中国交通枢纽现阶段的发展特点和存在的问题。定量分析主要包括：利用中国城市的交通数据和经济数据构建指标体系，运用聚类分析的方法对中国的交通枢纽等级进行科学的划分；利用空间计量的方法，基于中国地级及以上城市的面板数据，分别对交通枢纽空间溢出效应和交通枢纽对城市集聚经济的影响进行实证分析。本书努力将定性分析与定量分析相结合，从而更系统地研究中国交通枢纽的空间溢出效应。

3. 案例分析法

为了更为全面地研究中国交通枢纽的空间溢出效应，不仅需要从整体上利用计量方法进行实证分析，得到普遍性的实证结果，也需要从一些典型交通枢纽入手，更加生动形象地刻画交通枢纽对于周围区域经济发展的影响，分析其空间溢出效应的表现情况。为此，本书采用案例分析法对京津冀地区、长三角地区和珠三角地区的交通枢纽发展情况进行简要的分析，由点及面，对中国交通枢纽空间溢出效应的现状进行分析，通过对典型地区交通枢纽的对比分析，揭示了不同地区交通枢纽对于周围区域经济发展影响的差异性，并对这种差异性背后的原因进行了深入的剖析，丰富了本书的研究内容。

4. 多种计量方法相结合使用

为了提高本书研究结果的可信度，本书利用了不同的计量方法对中国城市的面板数据进行研究。在本书运用的计量方法中最重要的就是空间计量的方法，为了充分考虑中国经济发展过程中呈现出的空间相关性，本书运用空间杜宾模型等一系列空间计量方法进行了估计。不过为了对比其他计量方法的结果，本书还使用了混合回归模型、固定效应面板模型等计量模型进行了估计，通过对比不同计量模型的估计结果和相关检验的结果，提高实证结果的可靠性。此外，本书在测算中国交通枢纽的等级时，还采取了聚类分析的方法进行分析。

5. 对比分析法

由于中国地域辽阔，历史悠久，因此不同地区的经济社会发展特点呈现出不一样的特点，为了更好地对中国交通枢纽的空间溢出效应进行分析，本书还采用了对比分析法，主要使用于对中国交通枢纽不同的发展历程进行分析对比，总结中国交通枢纽的演变规律和现状特点；对京津冀地区、长三角地区和珠三角的地区的交通枢纽进行对比分析，通过对典型地区交通枢纽的对比分析，更为深入地了解中国交通枢纽空间溢出效应的现状和存在问题；在进行实证研究时采用了分组对比的方法，在研究中国交通枢纽空间溢出效应时分东、中、西部观察不同地区各类交通枢纽空间溢出效应的异同，在研究中国交通枢纽对城市集聚影响时分第二产业和第三产业观察交通枢纽对于不同行业集聚经济影响的不同。通过使用对比分析法对于中国交通枢纽的深入研究，让我们对中国交通枢纽的现实情况和本质规律有了更为全面正确的了解。

三、本书创新点

本书对中国交通枢纽的空间溢出效应进行了深入全面的分析，可能的研究创新点主要体现在以下几个方面。

（1）把交通网络效率、区位优势、区域空间形态纳入理论分析，梳理了交通枢纽空间溢出效应的作用机理，建立了“交通枢纽综合性能—经济活动影响—集聚和扩散效应—空间溢出效应”的传导路径，进而分析交通枢纽空间溢出效应的动态变化趋势，以及交通枢纽综合性能的改善如何直接和间接地影响空间溢出效应，补充了集聚经济理论、经济地理理论等相关理论对于交通枢纽的研究。

（2）基于对中国交通枢纽发展历程、现状及典型地区交通枢纽的分析，总结了中国交通枢纽的主导动力、交通方式和空间特点，分析了交通网络结构、不同等级交通枢纽比例等对于区域经济发展的影响。

（3）构建了交通枢纽空间溢出效应的计量模型，利用空间计量方法从经济产出和劳动生产率两个方面进行实证研究，分析了全国性交通枢纽、区域性交通枢纽、地区性交通枢纽空间溢出效应的作用方向和影响强度，有助于更全面地认识和评价中国交通枢纽对于区域经济发展的影响，为制定差异化的交通发展政策提供依据。

第二章

交通枢纽相关研究回顾

第一节　理论回顾

一、集聚经济理论

1. 集聚经济理论发展历程

人口的集聚现象是现代社会发展的一大特征，人类随着时间的推移逐渐集聚到城市之中，城市化水平逐渐提高，根据美国航空航天局（National Aeronautics and Space Administration，NASA）的数据，目前全世界超过一半的人口仅仅生活在地球表面1%的土地上。此外，不仅是人口的集聚，各个产业的集中度也开始逐渐提高，如美国大量的高科技公司都集中在加州的硅谷，中国也有大量的高科技公司集中在北京中关村，江浙沪一带自改革开放之后出现了大量生产服饰的企业等。正是由于这种显著的集聚现象，人们开始思考是何种原因导致了这种现象的出现，随着研究的不断深入，人们发现企业和人口在某个特定区域集中会产生经济效益，这种效益吸引着经济活动不断向该区域集中，这种效益也被经济学家们称为集聚经济（agglomeration economies）[9]。

但是人类并没有无止境地聚居到一块狭小的地方，这是因为经济活动不仅存在吸引消费者和企业的力量，还有分散他们的力量，如土地、绿色环境、交通设施等稀缺资源会导致激烈的竞争。法国地理学家维达尔·白兰士（Vidal de la Blache）早在1921年出版的《人文地理学原理》[10]中就提出，不论是发达地区还是落后地区，都会面临两难的处境：个人需要聚集到一起才能从分工中获得好处，但是会有各种困难限制人口的集聚。正是对于这种经济现象的两面性，人们不禁产生疑问，为什么会有集聚经济现象的产生？其背后的动力机制是什么？一个地区的集聚现象是什么样的演变规律？如何利用集聚经济让经济发展得更加协调？这些问题也是集聚经济理论尝试回答的问题。

从经济学的发展历史来看，集聚经济很早就被经济学家们所注意到，一般认为集聚经济最早源于马歇尔（Alfred Marshall）在1890年出版的《经济学原理》（*The Principles of Economics*）[11]，他将大量同类或相关产业的企业集聚的地区称为工业区，提出了地方性工业的概念。马歇尔认为，最初地方性工业形成的原因是自然条件和皇家的许可，而经过经济的发展，到了工业化时期，地方性工业形成的根本性原因变成外部性带来的经济收益，外部性则包括专业化投入品供应的便利性、专业化劳动力的可获得性、基于信息交换和面对面交流产生的新思想。由于这三个重要概念具有理论创新的突破性进展，因此从马歇尔提出之后的一百多年来，这三个基本定义便成为从新古典区位理论到新经济地理学研究集聚现象时的共同理论基础。

在马歇尔的研究之后，工业区位经济学家阿尔弗雷德·韦伯（Alfred Weber）在1909年出版的《工业区位论》（*Theory of the Location of Industries*）[12]一书中明确提出了集聚概念，并且进一步对集聚经济现象的形成机理、动力机制、集聚类型、竞争优势等内容加以梳理与补充。韦伯在书中将区位因素分为区域因素和集聚因素，他认为企业需要考虑运输成本，做出基本的区位选择，而劳动力成本和集聚因素的差异会使得企业改变最初的区位选择，最终区位因子的合理组合使得企业成本和运费最小化，企业按照这样的思路就会将其场所放在生产和流通上最节省的地点。韦伯指出，集聚因素是生产活动吸引某一地区的力量，因为在这些地区生产和销售的成本会下降，集聚因素作用主要有两方面的原因：一是规模集聚，规模集聚是由企业内部扩张而产生的生产集聚，企业规模的扩大使得设备、劳动力等生产要素的配置更为合理，节约了企业的生产成本，推高了生产效率；二是地域集聚，地域集聚又可分为局部集聚和城市集聚两种，地域集聚使得企业减少中间商，节约交易成本，地理上的临近还减少了交通成本，此外，企业还可以共享煤气、自来水等公共设施，减少生产成本。

在韦伯的研究基础上，俄林（Bertil Ohlin）、胡佛（Edgar Malone Hoover）等一批经济学家对于集聚经济进行了研究。俄林[13]将集聚经济分为三个层次：一是企业内部聚集经济。当企业的生产达到一定规模后，其产品的平均成本可以迅速降低，由此形成内部规模经济，规模扩大的形式可以是单一产品的产量增加，也可以是产品品种的增加，后一种情况也被称作“范围经济”（严格来讲应该是内部范围经济）。二是企业外部、行业内部的聚集经济，俄林称这种集聚经济为“地方化经济”（localization economies）。与马歇尔讲的“地方性工业”聚集不同，俄林认为这种聚集同时包括工业和商业区位，因此地方化经济又可细分为两种类型——工业群集型经济和商贸经济（shopping economies），这个层次的聚集经济对于单个企业而言是一种外部经济，不是企业内部的力量决定的，而是企业之间相互影响的结果。三是由多个行业（产业）向城市地区集中形成的聚集经济，俄林称之为“城市化经济”（urbanization economies）。这主要是由于产业之间存在外部经济，一个产业可以通过其前向和后向联系，可能对多个产业做出贡献，降低这些产业的生产成本。它既可以是上面所说的一个行业的地区集中化，进而带动其他行业发展来实现，也可以通过多个相互关联的产业同时发展的方式实现。对于企业而言，这一层次的聚集经济也是一种外部经济，是由产业之间的相互影响决定的。另一位经济学家胡佛在 1937 年发表了《区位理论与靴鞋、皮革工业》（*Location Theory and the Shoe Leather Industries*）[14]，通过回顾历史，叙述了不同经济发展阶段的区位结构（locational patterns），讨论了产业集聚现象。他认为，对于每一种产业来说，都可以将集聚经济区分为三个不同的层次：一是单个工厂或商店的规模决定的经济；二是单个公司的规模决定的经济；三是产业在某个区位的集聚体的规模决定的经济。这些经济都有达到最大值的规模，分别称为区位单位最佳规模、公司最佳规模和集聚体最佳规模。胡佛最大的贡献在于指出产业集聚存在一个最佳的规模，如果集聚企业太少，集聚规模不足的话，就无法达到集聚所能产生的最佳效果；如果集聚企业太多，则集聚区的整体效应反而可能会因为某些方面的原因下降。

虽然对于集聚现象的研究逐渐增多，不过在 20 世纪前半段占据主流的新古典经济学一直都忽视经济活动在空间中的集聚，在设定模型时均假定商品和要素的流动表现为无摩擦的瞬间物理运动，而没有考虑空间因素在现实经济活动中的重要影响，因而在解释国家或地区之间收入差距不断扩大时往往存在较大的局限性，更不能解释现实经济活动中所存在的大量经济空间集聚现象，以至于沃尔特·艾萨德（Walter Isard）就抨击经济学分析是“在一个没有空间维度的空中楼阁中”进行的。艾萨德于 1956 年出版了《区位与空间经济学》（*Location and Space-Economy*）[15]，将杜能、韦伯、克里斯塔勒等人的模型整合进入一个统一的框架：厂商权衡运输成本与生产成本，从而做出成本最小化的决策，正如它们做出其他任何成本最小化或利润最大化的决策一样。艾萨德对集聚现象进行了深入的阐述，他认为由于规模经济、地方化经济、城市化经济等原因，会形成一些产业的集聚地区，他将某个区位上企业集聚能够产生成本节约的产业组织形式称为产业综合体，而成本节约的原因是企业相互之间存在技术、生产和分配等方面联系。艾萨德的缺陷是没有提出一个一般区位均衡的理论，模型中也没有考虑规模经济和不完全竞争，只是一个残缺不全的空间模型。虽然他没有完成将空间引入主流经济学的目标，不过却开创了区域经济学领域，给后来的学者们提供了研究方向。

从20世纪70年代开始，随着雅各布斯（Jane Jacobs）在1969年出版了《城市经济》[16]一书，城市经济学对集聚经济现象开展了大量的研究。雅各布斯针对20世纪五六十年代美国在城市建设过程中，忽视城市的特性和内在功能多样化给城市造成的后果提出了城市多样性理论，认为不同产业在空间上集聚会带来外部性，即雅各布斯外部性。这种外部性主要来源于产业结构的多样化，以及其带来的劳动力多样化和城市功能的多样化等，这些多样化会带来多种好处：产业间的分工、互补和竞争效应，知识与技术在不同产业间扩散带来的知识溢出效应，为满足产业发展和不同人群要求的各种城市功能及城市规模效应等。之后的城市经济学家们和雅各布斯一样，会更多地考虑行业的外部经济，认为当一个城市有多种行业集聚时，整个城市的经济会呈现规模报酬递增，即会引起城市生产率整体水平的提高，从而促进城市经济增长。

从20世纪90年代开始，以保罗·克鲁格曼（Paul Krugman）、藤田昌久（Masahisa Fujita）为代表的新经济地理学者充分吸收区位选择理论、城市经济理论及新古典经济理论等研究成果，在规模报酬递增和垄断竞争条件下将空间因素以运输成本的形式引入一般均衡分析框架下，对经济活动空间集聚的机制进行了较为系统深入的研究。克鲁格曼[17]通过考虑一个包括农业和制造业两个部门的经济，提出当运输成本足够低时，所有制造业会集中在一个地区，使之成为经济中心，同时另一个地区只生产农产品，变成外围地区，因此这个模型也被称为中心 - 外围模型（core-periphery model）。通过对集聚经济进行模型化，克鲁格曼认为可以将集聚经济分为供给和需求两个方面，集聚经济在需求方面的体现是地方公共产品和对产品的无差别化需求，而厂商生产中的规模经济、地方化经济和城市化经济则是集聚经济在供给方面的体现。在克鲁格曼的研究基础上，不断有学者对其理论进行研究修订，如克鲁格曼的中心 - 外围模型得到的主要结论是集聚程度和运输成本之间呈现单调关系，但是 Murata 和 Thisse[18]经过研究发现，低运输成本时对称结构是稳定均衡的，高运输成本时中心-外围结构才能保持稳定均衡。Combes 等[19]将人口和产业空间演化过程与经济发展的过程结合起来进行研究，认为经济活动在空间上的集聚程度与交通成本（或要素流动成本）之间存在“分散—集聚—再分散”的演变轨迹，即空间发展的钟型曲线（bell shaped curve）。虽然这些研究得到的结果可能不尽相同，但是这些研究都对集聚经济理论的发展做出了很好的补充。

2. 集聚经济的微观基础

通过对集聚经济理论发展历程的梳理，可以发现不同学者对集聚经济形成的原因理解都有不少差异，因此有必要对其微观基础进行进一步的分析，为下一步将集聚经济理论用于分析交通枢纽空间溢出效应奠定基础。集聚经济通常被人们分成两种：地方化经济（马歇尔外部性）和城市化经济（雅各布斯外部性）。地方化经济是指随着同一产业中的企业集中于某一特定区域，产业中的企业生产效率随之提高，最早来源于马歇尔对集聚经济来源进行阐述时举的3个例子，他认为这种现象的原因是投入品共享，劳动力市场共享和知识溢出。城市化经济则是指随着区域内生产要素的集中，整个区域内的企业都会提高生产效率，而非某个特定行业，雅各布斯将其原因归结于当地的公共物品的共享、整体市场扩大带来的规模经济及产业间的交流。Duranton 和 Puga[20]认为以往对集聚经济来源的解释容易混淆，因此通过对集聚经济的微观基础进行系统的分析，将集聚经济的来源总结为共享、匹配和学习，其中共享机制包括不可分的基础设施的共享、大规模最终商品引致的多样化中间产品供应的共享、大规模生产导致的分工细化收益共享和风险的共享，匹配机制包括提高匹配的预期质量、提高匹配的概率及减轻要挟问题，学习机制包括提高知识产生、扩散和积累的效率。此外，还有很多学者对集聚经济的微观基础进行了研究[21]，补充丰富了集聚经济理论，具体见表2－1。

表2－1　关于集聚经济微观基础的研究

微观基础	重要研究	主要结论
自然优势	Ellison 和 Glaeser[22]，Roos[23]	自然要素禀赋对集聚经济的重要性
投入共享	Holmes[24]，Helsley 和 Strange[25]	集聚可以降低投入要素的成本
劳动力共享	Diamond 和 Simon[26]，Overman 和 Puga[27]	工人可以更好地搜寻和改变工作
知识溢出	Jaffee 等[28]，Keilbach[29]，Varga 和 Schalk[30]	知识溢出是重要的，而且这种溢出随着距离增加而减少，提高城市平均教育水平可以使平均工资增长
本地市场效应	Davis[31]，Head 等[32]	某些产业可通过市场进入解释区域发展
消费	Glaeser 等[33]，Waldfogel[34]，Glazer 等[35]	大城市多样化消费的增加，可以提高消费者的效用而导致集聚

续表

微观基础	重要研究	主要结论
寻租	Ades 和 Glaeser[36]，Henderson[37]	政治因素有时候更为重要，专制政府会导致更多的人口集聚到最大的城市
多样化的微观基础	Rosenthal 和 Strange[38]，Audretsh-Feldman[39]，Head 和 Mayer[40]，Ellison 等[41]	不同地区影响集聚水平的要素有很大区别，即使要素相同，影响权重也是不同的

总的来说，不同的生产活动要求不同的投入要素，有的企业物质资本投入占了很大的比例，自然优势和投入品共享对这类企业就较为重要；有的企业人力资本投入占了很大的比例，那么劳动力蓄水池和知识外溢就较为重要；有的企业在需求方面有较大的问题，那么国内市场效应和消费的经济性就较为重要；有的企业受到制度的严格约束，因此寻租就较为重要，尽管寻租容易降低企业的生产率。但不论是何种因素在起作用，其都有可能造成集聚现象，而且随着时间的推移，往往有自我加强的趋势。

3. 交通运输与集聚经济关系

从前面对于集聚经济理论发展历程的梳理中可以看到，交通因素很早就出现在集聚经济理论当中，如马歇尔就认为交通运输的改进可以影响工业布局，在克鲁格曼的中心－外围模型中，交通成本也是一个非常重要的因素。近年来随着对于集聚经济研究的深入，发现交通作为影响经济发展的重要因素，可以改变人们和厂商参与经济活动的方式，提高经济活动在空间内的联系程度，通过集聚经济提高城市的生产率[42]，因此关于交通与集聚经济关系的研究逐渐增多。但是以往的这些文献大多是将交通成本作为模型中的一个变量，虽然阐述了交通运输对于区域经济发展的影响，但并未深入分析交通运输与集聚经济之间的关系。

交通运输对经济活动的集聚主要有两方面的影响：一方面，它可以直接支撑经济活动密度的提高，使得单位面积的土地上可以集聚更多的公司或工人；另一方面，考虑到运输速度和成本，可以提高单位旅行时间到达的公司和工人数量，从另一种意义上也增加了经济活动的密度。Rice 和 Venables[43]，Graham[44] 提供了一种分析交通对聚集的影响的方法——利用旅行时间，Rice 和 Venables 的研究表明，全英国所有旅行时间平均时间减少 10% 可以使生产率提高 1.12%，Graham 的类似分析得到的结果是平均生产率有 0.35% 的增长，两者结果的差异可能是由于模拟方法的差异，但是交通运输改善对生产率的影响是显著的。Venables[45] 较为正式地描述了交通改善和集聚经济之间的关系，他认为城市交通改善产生的生产力提高是通过城市规模产生的，在考虑到集聚经济的因素之后，城市交通改善产生的收益将大大增加。Holl[46] 利用 1986—1997 年葡萄牙城市级的数据研究了高速公路网络改善对于 13 个工业部门和 9 个服务部门的企业诞生所发挥的作用，发现高速公路对吸引大多数行业的企业向新修建的基础设施集聚，但是不同部门存在差异。

交通运输对于集聚经济的影响还会随着行业的改变而改变，以制造业和服务业的对比来看：一方面，制造业往往集中在城市地区边缘或远离城市地区，在密度较低的地区集中度最高，这表明，制造业聚集通常是出于本地化的原因，它们通常会在其他公司的紧邻范围内，以便受益于知识溢出和接近上下游的厂商，这意味着支持工业集群聚集的交通设施将是那些能够促进和鼓励集群中就业增长的干预措施，因此，改进货运路线可以改善对供应商和客户的获取，可能是最重要的措施；另一方面，服务业往往集中在城市地区，这些地方有着高工资、高地租和拥堵的特征，会对其运营产生额外成本，但是接近大型劳动力市场和临近的公司（可以是其他行业）可以获得额外收益，这表明，支持服务部门聚集的运输措施将是那些鼓励集群增长，以及增加劳动力市场规模和促进企业与企业之间相互作用的干预措施，交通措施的重点应该是减少大城市通勤路段的拥堵程度，以及改善商务旅行的交通，从而产生最大的聚集效益。此外，通过运输与国内和国际其他集聚区的连接可能很重要，对于在国际贸易中进行交易和竞争的城市尤其如此，尽管影响很难衡量。

不少学者也针对不同行业集聚经济与交通运输的关系进行了研究，Mori 和Nishikimi[47]构建了空间经济模型，分析区域间贸易模式和运输网络结构是内生时交通运输密度与工业集聚相互联系，发现运输密度的提升可能是工业集聚的主要动力。Graham[48]考察集聚、生产率和运输投资之间关系时发现，如果运输系统的改善导致公司可以获得的经济活动数量发生变化，例如，可以减少旅行时间或旅行成本，那么它们可以通过集聚经济产生积极效益，通过对英国经济不同部门的生产力和经济活动可达性之间的关系进行计量经济分析，结果表明，集聚经济确实存在，特别是对于服务业。Rawnsley 等[49]发现澳大利亚的一些主要城市自 2000 年以来公共交通使用量呈现显著增长，而其他城市的增长则有所放缓，与传统的解释方法不同，本书认为集聚经济对于这种现象有重要的影响，随着近年来知识密集型产业在某些区域所占的份额的日益增长，这些产业的工人会从集聚现象中获得更多的好处，从而解释了不同地区利用公共交通的不同趋势。Graham[50]通过对城市密度、生产率及道路交通拥堵的关系进行研究，发现道路交通拥堵对大城市随着密度增加而出现的生产率递减有着重要的解释意义。

中国研究交通对集聚经济影响的起步较晚，一般都是利用国外已有理论来分析中国的集聚经济问题，研究主要分为两个层面。

一是城市内部层面，此时一般使用道路基础设施等城市交通基础设施作为衡量交通的指标，刘修岩[51]研究城市基础设施对集聚经济影响时，发现人均城市道路对于城市的非农生产率有着显著为正的影响。张浩然和衣保中[52]研究城市基础设施及其空间外溢效应与全要素生产率的关系时发现，城市道路虽然对本地区全要素生产率有积极的影响，但没有对临近城市的全要素生产率产生显著的促进作用。周文通等[53]基于三次经济普查和第二次基本单位普查数据，利用空间双重差分（SDID）模型，探讨发展轨道交通能否促进北京产业扩散，研究发现轨道交通网络扩张，服务业倾向于集聚在北京城市中心，制造业则更依赖地面交通，轨道交通对其产业分布影响不显著。

二是区域层面，一般使用城市之间、省份之间的交通设施进行衡量，金煜等[54]使用新经济地理学的分析框架讨论了经济地理和经济政策等因素对工业集聚的影响，发现交通基础设施的改善有利于工业集聚。陆根尧和林永然[55]构造门槛模型分析浙江省县级单位的面板数据，发现交通基础设施对浙江省经济集聚的影响存在显著的三重门槛效应，交通基础设施供给在超过第一门槛值时将会对经济集聚产生更大的促进作用，但是市场拥挤效应又使得这种影响出现下降。李红昌等[56]利用 DID 模型研究了高速铁路对城市集聚经济的影响，结果表明中国东部、中部、西部地区城市集聚经济的水平存在明显的梯度差异，高速铁路促进经济更向西部地区集聚，有益于中国经济趋向于均等化。

从上面对于文献的梳理分析可以发现，学术界对交通枢纽与集聚经济关系的研究不足，在中国日益重视交通枢纽建设的情况下，亟须拓展这方面的研究，为中国建设交通枢纽提供理论支持。

二、经济地理理论

1. 经济地理理论发展历程

经济地理学的发展历史非常悠久，从古人研究不同地区经济情况开始，人类一直在不断积累经济地理的相关资料。经济地理学的学术研究可以追溯到 19 世纪后期，虽然无法精确断定“经济地理学（economic geography）”这个术语在哪篇学术著作中首次出现，不过 1882 年德国地理学家 W. Gotz 在《地理类型与贸易的决定因素》（*Geography Patterns and Determinants of Trade*）一文中较早地使用了“经济地理学”这个术语。在 20 世纪前半段，随着韦伯、克里斯塔勒、廖什等经济学家对经济活动的区位问题进行的深入研究，经济地理学得到了迅速发展，也对后来的研究产生了深远影响。

第二次世界大战后，经济地理学的主要研究方法和视角经历了几次重要的改变。

（1）20 世纪 50 年代到 60 年代，受到计量革命的影响，这一时期的经济地理学融合了新古典经济学原理、地理的几何空间理论和定量的研究方法，通过模型对空间现象进行高度归纳和抽象，强调空间分布和互动的普遍规律，并使用大量的数据进行实证分析，通过产业地理的大量研究，认为公司的区位行为是可以被预测的。但是随着众多学者对于实证主义的批判，认为复杂的理论和方法论框架与真正解释现实之间存在巨大的沟壑，经济地理学也迎来了转型。

（2）20 世纪 70 年代到 80 年代，受到传统老工业基地工厂倒闭、失业率大幅上升等现实问题的冲击，社会学和政治学对经济地理学产生了巨大的影响，马克思主义政治经济学的结构主义和历史唯物主义被引入到经济地理学的研究中，产生了新马克思主义经济地理学。这一时期的代表人物是戴维·哈维（David Harvey），在其出版的《社会公正与城市》[57]、《资本的城市化》[58]等书中，揭露了资本主义社会中政治与经济地理的关系，认为资本主义的危机是内生性的而且是不可避免的，城市与区域的不均衡发展既是资本主义增长的原因又是结果。这一阶段的研究主要是理论导向的，强调资本积累、劳动过程和社会关系生产的机制，关注空间的不均衡发展和劳动力的空间分布，对资本主义进行了深刻的批判。

（3）20 世纪 90 年代，空间经济学再度兴起，以克鲁格曼为代表的一批经济学家使用空间经济学的计量方法来分析经济活动的集聚和空间过程，这些经济学家的研究强调运输成本、报酬规模递增和不完全竞争，在考虑了这些因素的基础上构建空间经济的一般均衡模型，用以分析经济活动的空间集聚与全球化等经济现象，被克鲁格曼称为新经济地理学。由于新经济地理理论对本书的研究较为重要，将在后面对其理论进行详细梳理。

（4）20 世纪 90 年代之后，不仅有以克鲁格曼为代表的新经济地理学兴起，同时许多其他研究方法也如雨后春笋般出现，经济地理学的研究视角已经从关注影响发展的经济因素，扩展到将经济活动嵌入到制度、文化、历史、政治等重要的背景之中。最近十几年的多样化发展，为经济地理学创造了众多崭新的、充满着思维争辩的研究领域，不少经济地理学家也将这些研究称为"新经济地理学"，不过本书提到的新经济地理一般都是指以克鲁格曼为代表的理论。

总的来说，经济地理学经过多年的演变，与现实世界的联系越来越紧密，对全球化和区域发展愈加重视，研究分支非常多样化，发展也非常迅速，研究方法从科学主义向哲学和方法论的方向转变，为我们思考经济活动的地理问题提供了更多的思路和启发。

2. 新经济地理理论

从 20 世纪 60 年代开始，随着世界经济发展呈现出经济全球化的趋势，不同区域的经济发展中遇到各种各样的困难，主流经济学理论由于忽视空间问题，在解释现实经济问题时显得愈发吃力，因此以规模报酬递增和不完全竞争为基础的经济学研究越来越多，特别是 1977 年迪克西特-斯蒂格利茨模型（D-S Model）[59]

的出现，让新贸易理论和新增长理论成了当时经济学研究中最热门的领域之一。虽然这些理论为解释现实中的集聚现象提供了新的视角，但是都存在一些缺陷，例如，新贸易理论缺少空间维度，不涉及要素流动，新增长理论则是假定国家拥有大小不同的市场，没有说明为何有此差异，而且两者都无法将运输成本内生化。因此在这些理论的基础上，以克鲁格曼、藤田昌久等经济学家为代表的新经济地理学兴起，这些学者通过总结分析传统空间经济理论[60]，包括德国几何学、社会物理学、积累因果关系、当地外部经济及地租和土地利用，将其分析方法用于构建收益递增－不完全竞争模型，让经济地理理论融入了主流经济学的研究范畴之中。克鲁格曼认为[61]新经济地理学的目标就是通过设计出一般均衡模型，它让人们可以讨论整体经济中某个区域的经济问题，能使我们同时讨论经济集聚的向心力和分散力，能够使我们描述两种力量的此消彼长是如何塑造出经济体的地理结构，应该从更基本和微观的决策方面解释这些力量。此外，新经济地理学除了构建反映经济活动地理集中现象的理论模型外，还强调运用所构建的新经济地理模型对典型案例进行实证分析。

新经济地理学主要有两部分的研究内容，一是经济活动的空间集聚，二是区域经济增长与空间集聚的关系。

（1）新经济地理学以收益递增作为理论基础，通过聚集过程中的“路径依赖”现象来研究经济活动的空间集聚。在空间集聚的过程中，空间上的相互接近性可以降低经济上相互联系的产业或经济活动的节约，扩大产业规模也会带来规模经济，各种产业和经济活动在空间集中后，会产生吸引经济活动向这个区域靠近的向心力。除了解释产业的变化以外，经济活动的空间集聚还被用来解释城市增长的动力机制，由于城市可以为厂商提供更大的市场，与产业上下游解除紧密的联系，厂商会在城市集中，而城市较高的工资和多样化的商品与服务会吸引人们前来，新经济地理学者认为，空间聚集是导致城市形成和不断扩大及区域发展的基本因素。与新古典的经济均衡模型不同，新经济地理学认为区域和城市的发展存在向“路径依赖”和“历史事件”发展的趋势，强调影响集聚力量的持续和积累。

（2）新经济地理学第二个主要研究内容是区域经济增长与空间集聚的关系。传统的新古典增长模型假定资本和劳动是收益递减的，相对贫穷、资本储备较低的国家将有更高的资本边际生产率和资本利润率，因此较贫穷的国家增长较快，最终能赶上较富裕的国家。然而现实世界并没有按照新古典增长模型预测的发展，几十年来能从发展中国家变成发达国家的寥寥无几，不少国家在发展到一半就陷入中等收入陷阱而无法自拔，很多国家更是一直在低收入水平徘徊，Barro 和 Sala-i-Martin[62]的研究显示，虽然世界经济发展存在收敛情况，但是区域收敛速度每年大约1.2%，要比新古典增长模型预测的缓慢得多，而且在有些区域收敛还不明显。这些问题引发了对新古典增长模型的怀疑。新经济地理学的研究则认为，区域经济增长可能有两种结果：一是当资本和劳动力可以自由流动时，中心地区的吸引力会随着集聚程度的提高而增加，这将会导致更大规模的空间集聚，发达的中心地区和较差的边缘地区之间的差距将进一步加大，一些经验研究也支持这个结果[63]；二是如果区域之间仍然存在不可流动性（如政治、语言、文化等方面的障碍），那么中心地区的劳动力成本会随着经济发展而提高，此外，拥挤成本也会相应的增加，就会导致经济活动的扩散和区域集聚的减弱。

新经济地理理论在对经济活动的空间集聚及区域经济增长与空间集聚的关系的研究过程中，构建了许多模型进行分析，其中较为重要的有中心－外围模型、国际专业化模型、全球化和产业扩散模型等。

（1）克鲁格曼构建的“中心－外围模型”是新经济地理学最

具有代表性的模型，它描绘了外部条件原本相同的两个区域如何由于历史的偶然事件或外部的偶然冲击使得某一地区形成了相对另一个地区的暂时优势，然后在报酬递增、人口流动与运输成本交互作用的情况下最终演变出完全不同的生产结构。具体而言，制造业企业开始会向暂时有优势的地区逐步集聚以享受强大的“本地市场效应”的效益，然后自由流动的劳动力也被吸引到这个地区所在的企业，而劳动力流入进一步刺激了这个地区市场的发展，从而吸引了更多制造业企业入驻这个地区，这个地区暂时的优势通过循环积累被逐步扩大，而另一个地区的制造业企业由于要素流出而被逐步转移出去，最终形成了“中心－外围”的产业空间布局。

（2）由于国界、语言和文化等因素会对人口的自由流动造成障碍，中心－外围模型一般只适用于针对国内范围（有时一个国家内部也会有上述问题）空间集聚问题的研究，为研究国际层面的经济活动，Venables[64]凭借产业间的投入－产出联系，构建了国际专业化模型。在此模型中，劳动力虽然不能在国家之间流动，但是国家之间可以进行贸易。假设各个国家具有相同的禀赋和生产技术，拥有农业和制造业两个生产部门，则拥有较大制造业部门的区域一般能够提供种类更多、价格更低的中间产品，使得厂商可以以较低的成本生产，这就构成一种前向联系——既有的产业集聚构成对外部厂商的吸引；反过来也存在一种后向联系，一个区域的厂商越多，生产活动对中间产品的需求越大，就为中间产品提供了一个巨大的当地市场，越会吸引生产中间产品的厂商进入这个区域。由于劳动力不能在国家之间流动，所以人口不能在某个国家集中，但是，某些产业却可以在某个国家实现集聚。另一方面，由于劳动力不能在国家间流动，特定国家的产业集聚会导致劳动供给不足，使得该国工资水平上升，对厂商的吸引力下降。因此在此模型中认为区域一体化与集聚之间存在倒

U 形关系：在高贸易成本的情况下，厂商将平均分布于不同的区域以满足最终需求；在适中贸易成本的情况下，随着某些区域相比其他区域吸引更多的产业，区域差异将开始形成；在低贸易成本的情况下，厂商倾向进入低工资的区域，导致集聚现象消散。

（3）但是国际专业化模型并没有考虑到技术进步，而这个变量已经是当今世界经济进步的主要推动力之一，因此 Puga 和 Venables[65] 在模型中进一步引入技术进步作为外生变量。假设技术进步使所有基本要素稳定地递增，建立起全球化和产业扩散模型。模型中假设其中某个区域因为偶然的技术进步在某个产业率先建立起优势，使得这个区域的产业生产水平上升，强化产业在该区域的集聚，并使得该区域工资上升，随着这一过程的不断发展，区域间工资水平的差距越来越大，最终厂商将寻求迁入第二个区域，因为在那里他们可以获得更多的利润，此时第二个区域又开始了建立产业自我强化优势、提升区域工资的新循环，并最终迫使厂商进入第三个区域，如此循环往复。在运输成本很高或很低的情况下，发达地区的产业受到的向心力都相对较低，劳动效率的小幅度上升导致工资成本的上升都足以使离心力更大，从而引发投资和生产向周边国家的转移以满足最终需求。而在运输成本的中间区段，位于发达地区的产业受到的向心力比较强，有更大的余地平衡由工资成本导致的离心力增加，因此在运输成本的中间区段，产业集聚更容易维持。Fujita 等[66] 构建了一个更为复杂的全球化和产业扩散模型，发现经济发展过程中不会出现多个贫穷国家平稳的一起追赶富裕国家的的过程，而是以波的形式从一个国家传到另一个国家，一个国家的产业体系在工业化过程中一般遵循从低级向高级攀升的过程。

总的来说，经济地理学虽然将空间因素引入了经济学模型，使得我们可以规范的分析经济地理问题，但是它也受到很多学者的诟病，连克鲁格曼自己都承认[67] 新经济地理学的模型比较简单刻板，不能很好地描绘这个真实的世界，而且新经济地理学会关注那些容易建模的东西，而不是在现实中最重要的东西，如马歇尔分析的集聚经济三个来源中新经济地理学主要考虑了投入品共享这一要素，因为这个要素较为容易纳入模型之中，而且像中心－外围模型这种只有两个区域的模型太过简单，不足以描绘复杂的现实世界。正是因为存在这些缺陷，许多经济地理学的学者在克鲁格曼的基础上，进一步考虑内生经济增长[68]、不同技能劳动力[69]、期望[70]、短期均衡[71]、多城市[72]等情况，对已有的经济地理学模型进行了改进，使其对经济活动空间集聚机制的解释更加完善。这些扩展中较为重要的就是将内生经济增长模型与新经济地理模型结合起来考虑，内生经济增长模型强调知识外溢和技术外部性在经济增长中的核心作用[73-74]，让新经济地理学模型可以弥补自己忽视技术溢出等因素的缺陷，一些新经济地理学者[31,75-76]通过强调技术外溢和经济集聚之间的相互作用，实现了对内生经济增长理论的扩展和新经济地理模型的动态化。这些学者通过研究发现，集聚经济和经济增长之间互相影响：一方面，经济活动的空间集聚有利于促进经济增长，经济活动的空间分布不均衡对于经济增长而言是一种有效的地理平衡因素；另一方面，经济增长可以被视为一种空间集聚力量，也就是说，经济增长可以强化经济活动的空间分布不均衡。

三、空间计量理论

空间计量经济学是计量经济学中较新的一个分支，是为了测量空间上有关系的经济活动而发展起来的一门学科，本书的实证部分将主要使用空间计量模型进行分析，因此在本节对其发展历程、主要研究内容、常见模型和估计方法等方面进行梳理。空间计量经济学研究的是如何在横截面数据和面板数据的回归模型中处理空间相互作用（空间自相关）和空间结构（空间不均匀性）

结构分析。空间计量经济学发端于空间相互作用理论及其进展，尽管空间相互作用关系一直是人们研究中所关注的问题，但空间计量学的主要框架直到20世纪末才逐渐成型。最早定义空间计量经济学研究领域的学者是Paelinck和Klaassen[77]，他们认为空间计量经济学的研究范围包括空间模型中对空间相互依赖的设定、空间关系不对称、空间解释变量的重要性等。Cliff和Ord[78]为空间自回归模型作了开拓性的工作，发展出许多模型、参数估计和检验技术，使得在经济计量学建模中综合空间因素变得更加有效。后来Anselin[79]系统完善了空间计量经济学的框架体系，他认为空间计量经济学即在区域科学模型的统计分析中，研究由空间引起的各种特性的一系列方法。Elhorst[80]认为空间计量经济学是处理地理单元空间关系的一门计量经济学分支，这些地理单元可以是邮政编码、城市、区域、国家等，并且空间计量经济学不仅仅可以解释地理单元的关系，还可以解释个人、公司、政府之间的关系。

从发展的驱动因素看，空间计量经济学的发展受模型和数据驱动。

（1）从模型驱动来看，理论经济学的兴趣越来越从彼此独立的决策主体模型转向明确解释系统中不同主体（参数或效用）相互作用的模型。这些新的理论框架在设定和研究主体间直接的相互作用（如邻近效应、模仿效应或其他看齐效应）时，引发了一个有趣的问题，即个体的相互作用如何导致集体行为和总体模式。新宏观经济学、社会交互作用的理论模型、相互依赖的参数选择、贸易结构演化模型、邻近溢出效应、标尺竞争等领域中，这些理论模型都有发展，并支撑了研究主体间重要相互作用的实证模型。

（2）空间经济计量学产生的另一股动力来自解决实际“问题”数据的驱动，经济计量学最初起源于在区域科学和分析地理学有广泛应用的空间统计学，人们在空间相互作用研究中，遇到了各种实际“问题”数据。例如，解释变量的构造经常依据被解释变量的范围进行空间插值估计，导致空间预测呈现出系统空间变异的预测误差，此类问题在研究环境和资源分配的经济效果时常常遇到。再如，在空间数据汇总时，往往会出现数据与经济变量不匹配的问题，这些空间数据的共同特征是普通回归模型的误差序列是空间相关的，这些“问题”数据所引起的普通模型设定的偏倚，推动了空间经济计量模型的产生。

目前空间计量经济学研究领域涉及五个方面：空间相互依存的设定、空间关系的非对称性、空间解释变量的重要性、过去的和将来的相互作用之间的区别及空间模拟。在过去30多年的发展过程中，计量经济学家们构建了许多相关模型，为以后的研究提供了便利。与传统计量模型相比，空间计量模型涉及空间交互作用，一般将其分为3类——自变量的空间交互、因变量的空间交互及误差项的空间交互，包含3种空间交互作用的一般横截面数据的模型为

$$\begin{aligned} \boldsymbol{Y} &= \rho \boldsymbol{WY} + \alpha \boldsymbol{\iota}_N + \boldsymbol{X\beta} + \boldsymbol{WX\theta} + \boldsymbol{u} \\ \boldsymbol{u} &= \lambda \boldsymbol{Wu} + \boldsymbol{\varepsilon} \end{aligned} \tag{2-1}$$

式中：$\boldsymbol{Y}$——$n\times 1$ 阶的矩阵，表示因变量；

$\boldsymbol{X}$——$n\times k$ 阶的矩阵，表示自变量；

α——常数项，$\boldsymbol{\iota}_N$ 是与常数项相关的 $n\times 1$ 阶的矩阵，需要被估计；

$\boldsymbol{W}$——$n\times n$ 阶的空间权重矩阵；

$\boldsymbol{WY}$——因变量的空间交互作用，其系数 ρ 被称为空间自回归系数；

$\boldsymbol{WX}$——自变量对因变量的空间交互作用；

$\boldsymbol{\theta},\boldsymbol{\beta}$——$k\times 1$ 阶的矩阵，都表示需要被估计的相应系数；

$\boldsymbol{u}$——$n \times 1$ 阶的矩阵，表示扰动项，由于扰动项也可能受到空间交互的影响，因此将其分为两部分，$\boldsymbol{Wu}$ 表示扰动项对因变量的空间交互作用，其系数 λ 被称为空间自相关系数，$\boldsymbol{\varepsilon}$ 是表示空间交互无关的扰动项，也是一个 $n \times 1$ 阶矩阵。

图 2－1 为不同截面数据的空间计量模型之间的关系。

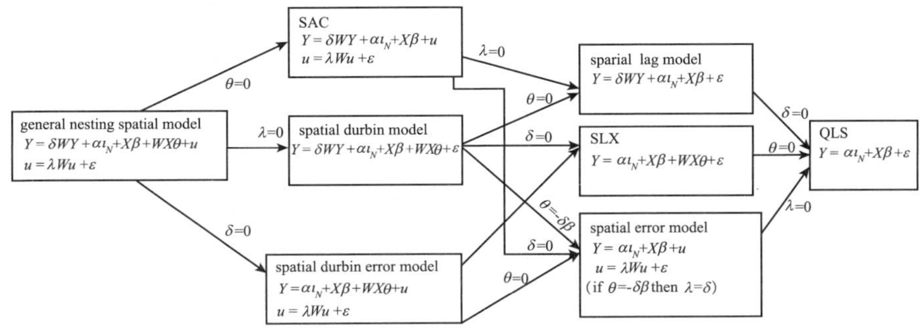

图 2－1　不同截面数据的空间计量模型之间的关系

资料来源：埃尔霍斯特．空间计量经济学：从横截面数据到空间面板［M］．北京：中国人民大学出版社，2015.

对面板数据进行估计时，只需要和普通的计量经济学方法一样，增加对时间的考虑即可，如式（2－1）可以扩展为

$$\boldsymbol{Y}_t = \rho \boldsymbol{WY}_t + \alpha \boldsymbol{\iota}_N + \boldsymbol{X}_t\boldsymbol{\beta} + \boldsymbol{WX}_t\boldsymbol{\theta} + \boldsymbol{u}_t \qquad (2-2)$$
$$\boldsymbol{u}_t = \lambda \boldsymbol{Wu}_t + \boldsymbol{\varepsilon}_t$$

不过如果利用此模型对面板数据进行分析，就会相当于将这些数据混合起来，进行一次混合回归（pooled regression），这样就会忽视数据的时间异质性和空间异质性，导致结果是有偏的。空间计量模型中对这个问题的解决办法和普通计量模型一样，通过控制个体效应和时间效应达到目的，因此式（2－2）可以扩展为

$$\boldsymbol{Y}_t = \rho \boldsymbol{WY}_t + \boldsymbol{\alpha\iota}_N + \boldsymbol{X}_t\boldsymbol{\beta} + \boldsymbol{WX}_t\boldsymbol{\theta} + \boldsymbol{\mu} + \xi_t\boldsymbol{\iota}_N + \boldsymbol{u}_t$$
$$\boldsymbol{u}_t = \lambda \boldsymbol{Wu}_t + \boldsymbol{\varepsilon}_t \qquad (2-3)$$

其中为了体现不同时间段和个体的特征，加入了时间效应系数 ξ_t，以及个体效应矩阵 $\boldsymbol{\mu}=(\mu_1,\cdots,\mu_N)^{\mathrm{T}}$，式中 $\boldsymbol{\mu}=(\mu_1,\cdots,\mu_N)^{\mathrm{T}}$，和一般的计量模型一样，个体和时期效应可以分为固定效应和随机效应，从而进行估计。

由于空间相关性的存在，最小二乘法估计空间模型可能导致回归参数、空间参数和标准误估计的不一致性，因此很多学者对空间计量的估计方法进行了研究，Ord[81]使用极大似然估计法（ML）进行估计、Lee[82]使用了准极大似然估计法（QML）进行估计、Anselin[83]使用了工具变量法（IV）进行估计、Kelejian 和 Prucha[84]使用了广义矩阵估计法（GMM）进行估计、Lesage[85]使用了贝叶斯方法（MCMC）进行估计等，这些方法各有优点，而目前使用比较多的是准极大似然估计法和贝叶斯方法。

当存在空间滞后项时，回归系数将不再简单地反映自变量对因变量的影响，LeSage 和 Pace[86]提出了一种方法将总效应分为直接效应和间接效应，用来更好地描述存在的空间交互作用，其中，直接效应表示自变量对本地区造成的平均影响，间接效应表示自变量对其他地区造成的平均影响，总效应表示自变量对所有地区造成的平均影响，这也是本书将采用的实证计量空间溢出效应的方法，以本书将要采用的空间杜宾模型为例，该方法的主要推导如下。

首先空间杜宾模型可以用以下形式表达：

$$(\boldsymbol{I}_n-\rho\boldsymbol{W})Y=\boldsymbol{X}\beta+\boldsymbol{WX}\theta+\alpha\boldsymbol{\iota}_n+\boldsymbol{\varepsilon} \tag{2-4}$$

式（2-4）可以写成：

$$\boldsymbol{Y}=\sum_{r=1}^{k}\boldsymbol{S}_r(\boldsymbol{W})x_r+\alpha\boldsymbol{V}(\boldsymbol{W})\boldsymbol{\iota}_n+\boldsymbol{V}(\boldsymbol{W})\boldsymbol{\varepsilon} \tag{2-5}$$

其中

$$\boldsymbol{S}_r(\boldsymbol{W})=\boldsymbol{V}(\boldsymbol{W})(\boldsymbol{I}_n\beta_r+\boldsymbol{W}\theta_r),$$

$$\boldsymbol{V}(\boldsymbol{W})=(\boldsymbol{I}_n-\rho\boldsymbol{W})^{-1}=\boldsymbol{I}_n+\rho\boldsymbol{W}+\rho^2\boldsymbol{W}^2+\rho^3\boldsymbol{W}^3+\cdots$$

将式（2－5）写成矩阵形式：

$$\begin{pmatrix} \boldsymbol{y}_1 \\ \boldsymbol{y}_2 \\ \vdots \\ \boldsymbol{y}_n \end{pmatrix} = \sum_{r=1}^{k} \begin{pmatrix} \boldsymbol{S}_r(\boldsymbol{W})_{11} & \boldsymbol{S}_r(\boldsymbol{W})_{12} & \cdots & \boldsymbol{S}_r(\boldsymbol{W})_{1n} \\ \boldsymbol{S}_r(\boldsymbol{W})_{21} & \boldsymbol{S}_r(\boldsymbol{W})_{22} & \cdots & \\ \vdots & \vdots & \ddots & \\ \boldsymbol{S}_r(\boldsymbol{W})_{n1} & \boldsymbol{S}_r(\boldsymbol{W})_{n2} & \cdots & \boldsymbol{S}_r(\boldsymbol{W})_{nn} \end{pmatrix} \begin{pmatrix} \boldsymbol{x}_{1r} \\ \boldsymbol{x}_{2r} \\ \vdots \\ \boldsymbol{x}_{nr} \end{pmatrix} + \boldsymbol{V}(\boldsymbol{W})\boldsymbol{\iota}_n\alpha + \boldsymbol{V}(\boldsymbol{W})\boldsymbol{\varepsilon} \tag{2-6}$$

用 $\boldsymbol{S}_r(\boldsymbol{W})_{ij}$ 表示 $\boldsymbol{S}_r(\boldsymbol{W})$ 中的第 i，j 个元素，$\boldsymbol{V}(\boldsymbol{W})_i$ 表示 $\boldsymbol{V}(\boldsymbol{W})$ 的第 i 行。

$$y_i = \sum_{r=1}^{k} [\boldsymbol{S}_r(\boldsymbol{W})_{i1}x_{1r} + \boldsymbol{S}_r(\boldsymbol{W})_{i2}x_{2r} + \cdots + \boldsymbol{S}_r(\boldsymbol{W})_{in}x_{nr}] + \alpha\boldsymbol{V}(\boldsymbol{W})_i\boldsymbol{\iota}_n + \boldsymbol{V}(\boldsymbol{W})_i\boldsymbol{\varepsilon} \tag{2-7}$$

总效应等于矩阵 $\boldsymbol{S}_r(\boldsymbol{W})$ 加总的均值，直接效应是通过计算矩阵 $\boldsymbol{S}_r(\boldsymbol{W})$ 中对角元素 $\boldsymbol{S}_r(\boldsymbol{W})_{ii}$ 的平均得到，间接效应则是矩阵 $\boldsymbol{S}_r(\boldsymbol{W})$ 中的非对角元素的平均值，可通过总效应减去直接效应得到。

随着空间计量的不断发展，中国学者也开始将这项技术用于对中国经济问题的探索，特别是在区域经济的研究领域，空间计量的方法得到了广泛的运用，从林光平等[87]，吴玉鸣[88]利用空间计量模型研究中国地区经济增长收敛开始，最近10年中国学者们不仅将空间计量应用于城市经济学、区域经济学、房地产经济学、经济地理学等领域，而且还广泛应用到劳动经济学、能源经济学、环境经济学、产业经济学及国际贸易等传统领域。综上所述，将空间计量的方法应用于交通枢纽的研究不仅很适合也是很必要的，但是目前还是很少有人使用空间计量的方法对交通枢纽进行研究，更缺乏对其空间溢出效应的研究，所以本书将尝试使用空间计量的方法来对交通枢纽的空间溢出效应进行研究。

第二节　交通枢纽对经济发展影响的研究回顾

一、交通枢纽的概念与分类

交通枢纽（transport hub，junction）是交通网络的重要组成部分，目前中外学术界、政府部门等对其都有不同的认识、界定。以中国政府部门给出的相关定义为例，交通部将交通枢纽定义为几种运输方式或几条运输干线交汇，并能办理客货运输作业的各种技术设备的综合体；交通部在 2007 年公布的《国家公路运输枢纽布局规划》中将公路运输枢纽定义为在公路运输网络的节点上形成的货物流、旅客流及客货信息流的转换中心；建设部发布的《铁路车站及枢纽设计规范》将铁路枢纽定义为铁路网结点或网端，由客运站、编组站和其他车站，以及各种为运输服务的设施和连接线等所组成的整体；国家发展和改革委在 2007 年公布的《综合交通网中长期规划》中将综合交通枢纽定义为综合交通网络节点上形成的客货流转换中心。总的来说，中国政府部门公布的交通枢纽相关定义中，都会注重枢纽的交通转换特性，但在具体细节却相差很远，没有规范统一的定义，有时甚至用“运输枢纽”一词。由于定义的模糊，各级政府部门在实施建设交通枢纽的相关规划时，经常把各类交通网络节点和运输站场，甚至通道有关的区域和设施都叫成“枢纽”，大到一个省或城市，小到一个公交站，都可以被冠以某某交通枢纽的称谓，造成了实际工作中的歧义，影响了效率，因此，需对交通枢纽的概念给予明确的界定。

中国也有许多学者对交通枢纽进行了定义，胡思继[89]认为交通枢纽是指在两条或两条以上交通运输线路的交汇、衔接处形成的，具有运输组织与管理、中转换乘及换装、装卸存储、信息流通和辅助服务等功能的综合性设施。王庆云[90]认为交通枢纽位于交通网络的交汇点（也称节点），包括铁路、公路、港口、机场等站场或口岸，一般由两种及两种以上运输线路相连接，是旅客与货物到发、通过、换乘与换装、各种运载工具技术作业的场所，又是各种运输方式之间、城市交通与城间交通的衔接点。荣朝和[91]则认为交通枢纽不仅仅是交通干线的交汇，即使是普通的线路交汇，只要能实现中转换乘的功能也应该属于交通枢纽，只是属于不同等级的交通枢纽而已。

国外对于交通枢纽也有不同的定义，一般认为交通枢纽是乘客和货物在车辆之间或在运输模式之间换乘的地方。罗德里格（Jean-Paul Rodrigue）等[92]认为交通枢纽是大批量旅客和货物的集散地，一般位于客流和货流集中的区域，是不同种运输方式的转换节点，同时具备各种场站、专业设备、服务设施和运输调度部门，为旅客和货物在同一运输方式或不同运输方式之间的换乘或换装提供服务。H. B. 普拉夫金[93]认为运输枢纽是地处两条或几条干线运输方式的交叉点上，是运输过程和为实现运输过程所拥有的设备之综合体，包括了运送过程（旅客运送和货物位移）、技术设备（车站、港口、干线、仓库等）和监督及管理手段。

对比来看，国内和国外使用交通枢纽一词时，指代的对象有不小的差异，中国政府文件中出现的交通枢纽大多指的是某个城市，如上海是中国重要的交通枢纽，而国外使用交通枢纽一词则多数指城市里的火车站、机场等。这种差异来源于历史上使用习惯的差异，由于交通枢纽一词并不是一个舶来词，在中国古代就用枢纽及类似说法来形容某个地方，如要冲、通衢等，因此，中国会用交通枢纽来衡量宏观上的枢纽城市。对中国实际情况进行交通枢纽方面的学术研究或制定政策时，需要结合中国自古以来对交通枢纽的理解，参考国外的交通枢纽含义进行清晰的定义，从而进行下一步的工作，提高效率。

从《辞海》的释义来看，“枢”指的是事物的重要或中心部分，起决定性作用的部分，“纽”指的是器物上可以提起或系挂的部分，引申为起联系作用的人或事物，“枢纽”比喻冲要的地点或事物的关键所在，从字面上看，交通枢纽可以理解为交通网络的中心部分或相互联系的中心环节所在。再结合以前学者对于交通枢纽的定义，本书认为交通枢纽是交通网络相互联系的中心环节，可以实现大量旅客和货物中转换乘的交通线路交汇，而且可以按照所处的体系从宏观到微观进行划分，如图 2－2 所示，本书研究的交通枢纽是指较为宏观的全国性或区域性层面上的交通枢纽城市。

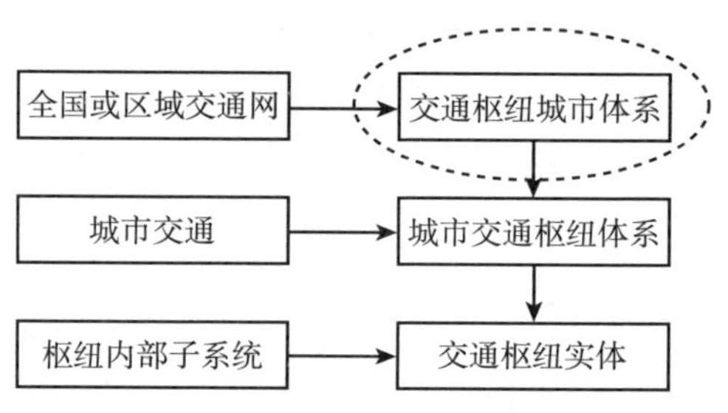

图 2－2 不同层次的交通枢纽体系

这种分类方法将枢纽分成 3 个层次：①国家或区域性综合交通网内不同线路交汇的节点区域，以某个城市为基础形成的交通枢纽城市；②城市内交通体系进行客货流转换的区域，进而在此区域形成的城市交通枢纽体系；③城市内具体某交通枢纽实体及其相应功能。在实际情况中，这 3 类枢纽也都会被称为交通枢纽，为了区分不同层次的交通枢纽，可以通过加上具体地名加以界定区分，如北京西直门交通枢纽、北京南站交通枢纽等，这样就不会和交通枢纽城市相互混淆。此外，还有很多种交通枢纽的分类方法，如按对内、对外交通区别，可分为城市对外交通枢纽与市内交通枢纽；按主导交通方式不同，可分为公路枢纽、铁路枢纽、水运枢纽、航空枢纽等；按客货运类别不同，可分为客运交通枢纽和货运交通枢纽等。由于本书研究的交通枢纽是宏观层面的枢纽城市，因此借鉴国家发改委在《综合交通网中长期发展规划》中的命名方法，将其命名为全国性综合交通枢纽、区域性综合交通枢纽和地区性综合交通枢纽，其他的非交通枢纽城市认为是普通城市。

本书的命名方法虽然借鉴了国家发改委的文件，但是并没有照抄规划中对于不同类别交通枢纽的分类，不会与城市的行政等级等同，也不会根据地理区域面积平均划分，而是通过考虑枢纽城市的经济社会发展水平、运输服务水平等方面进行界定，具体分类标准如下。

（1）全国性交通枢纽，需要具有全国性运输组织功能和中转功能、流量规模大的综合交通网络中心，这样的交通枢纽应该是铁路、航空、公路的全国性网络中心和运输组织中心，对周围区域经济发展有强大辐射作用的国家中心城市，如北京、上海等。

（2）区域性交通枢纽，应该界定为具有较大区域运输组织功能和中转功能、流量规模较大的综合交通网络中心，是铁路、航空、公路的区域性网络中心和运输组织中心，对周围区域经济发展有辐射作用的区域中心城市，如武汉、成都、郑州等。

（3）地区性交通枢纽，一般为各省市内重要的综合交通网络结点，地区性交通网络中心和运输组织中心，对于周围从城市经济发展有一定辐射作用的城市。本书后面将按照此标准对中国交通枢纽进行定性分类，具体方法与结果见后文。

二、交通枢纽不同维度的经济影响

交通枢纽对于经济影响可以从宏观经济维度、区域经济维度、城市经济维度等维度进行分析。通过前面对于交通枢纽的概念界定，可以知道交通枢纽承担运输生产组织、中转换乘换装和辅助服务等多种功能，对运输网络的高效运转具有重大作用，其效率的高低直接影响运输系统的总效率，从而对经济社会发展的效率产生影响。此外，交通枢纽有很强的外部性，对于区域经济社会发展及城市形态的演化也具有重要影响。世界上许多大城市都是在交通枢纽的基础上建设起来的，如纽约、伦敦、上海等，这种现象也很早就被地理学及城市经济学所关注，著名美国空间经济学家胡佛[94]在 20 世纪前半段就对交通转运点，即现在所说的交通枢纽进行了研究，提出了新的运输费用结构理论。该理论将运输费用划分为线路运费和装卸费用两部分，由于仓库、码头、维修等支出的费用不受运行里程影响，因此运费率递远递减。如果在两条线路的中转点处建工厂可节约一次倒装费，工厂的这种布局可以降低运输费用，并最终使得商品的价格降低，通过指出中转点建厂对装卸费用的节约，胡佛解释了企业布局趋向于中转点的现象，这就验证了港口和交通枢纽转换点的产业优势区位理论。法国经济学家 Perroux[95]提出“增长极理论（theory of growth pole）”，认为经济增长在空间上不均衡，最先在工业生产集聚点上实现，在此基础上形成的增长中心理论认为经济增长一般是从城市或城镇集聚点开始，逐步往整个空间蔓延，这个理论近年来也被逐渐用于解释交通枢纽对区域经济的促进作用。

虽然交通枢纽对经济发展影响的研究由来已久，但是直到 Fujita 和 Mori[2]构建模型解释了集聚经济及交通枢纽对于空间经济演化的影响，这方面的研究才逐渐被主流经济学所重视。在此之后许多学者对于枢纽城市形成的机制进行了解释，其中很大一部分研究集中于考察城市的自然禀赋，如地理区位、气候温度等对于城市发展的影响。Hall 和 Jones[3]发现物质资本和受教育程度只能部分解释人均产出的差异，当政府机构及其政策内生时，历史地理位置等一些变量都会对人均产出造成影响。Konishi[96]认为位于河流或海岸的交通枢纽可以更容易进入其他地区，本地产品首先会在这些交通枢纽被收集起来，然后在交通枢纽之间进行区域间贸易，随着交通枢纽之间贸易量的增加，需要更多的工人来满足航运和处理商品的劳动力需求，导致这些交通枢纽的人口聚集。Davis 和 Weinstein[4]根据日本第二次世界大战前和第二次世界大战后的普查数据，发现经历了战争毁灭的日本城市，战后迅速地回复到了战前的人口水平，并在之后保持了稳定的发展速度，于是他们认为包括地理禀赋在内的必然因素，对于城市的发展具有重要意义。学者们还发现，空间发展存在路径依赖，一个城市因为地理区位优势开始发展，即使之后这种禀赋优势不再明显，城市也依旧能够繁荣发展，Bleakley 和 Lin[5]利用美国历史上的内河转运港口城市进行研究，发现虽然现在水运已经不是美国的主要运输方式，但是这些城市与邻近地区相比，今天的人口密度依然更高，经济活动也更频繁。从这些研究可以发现，交通运输条件的优势会成为城市发展的关键力量，而且城市的经济发展很多时候都存在路径依赖，即使城市在未来已经不再是交通枢纽，曾经作为交通枢纽也会对城市的发展起到极其深刻的影响。

目前交通枢纽对经济发展影响的研究更多的还是针对某个具体的交通枢纽或某个区域的交通枢纽进行研究，特别是对港口及其腹地经济发展关系的研究。Tan[97]分析了新加坡和加尔各答的从殖民地港口城市到现代城市的进化史，通过研究这两个城市的历史轨迹，以及其港口与腹地的复杂关系，为其他港口城市的发展提供借鉴。Ducruet 和 Lee[98]在全球化背景下衡量港口对于当地经济发展的重要性，利用 Vallega 提出的相对集中指数（RCI），讨论了衡量全球一级港口城市相对演变过程，结果发现城市与其港口之间的功能和空间分离是一个不可避免的过程，而且港口城市的演变似乎是渐进的，而不是线性的或混乱的，很多时候还受区域因素和地方战略的影响。Cohen 和 Monaco[99]认为港口周围区域承担港口扩张的外部成本（拥堵、空气和噪声污染），但邻近区域也会得到港口活动带来的额外好处。通过考察美国的州级数据，发现增加港口基础设施的州，其制造成本降低，但是邻国如果增加其港口基础设施，制造企业的成本会更高，可能是是因为生产资源（公司和工人）被吸引到增加港口基础设施的国家。Lee 和 Song[100]在全球化和综合运输的发展背景下，从亚洲的角度关注中心港口城市，如香港和新加坡的特殊情况，从而分析全球中心港口城市的空间结构。Gujar[101]研究了内陆交通枢纽的空间特征，并利用印度南部的货物出口活动进行研究，发现由于政府和港口无法提供增值服务，目前印度南部的托运人经常选择最接近其生产基地的内陆交通枢纽，而这并不是运输成本最小化的最佳解决方案，从而为发展中国家提供启示。

近年来，随着我国交通枢纽对于经济发展的影响越来越大，中国不少学者也针对交通枢纽与城市经济发展的关系进行了研究。刘俊生[102]就指出，虽然枢纽的形成能够给城市带来机遇，但不一定能够实现城市的有利发展，因为在实际情况下，中国一些交通枢纽型城市更多的是一种过境型运输，而并没有充分发挥出交通枢纽的真正作用，并以此对交通枢纽城市如何发展提出了相关建议。张复明[103]对交通枢纽及其腹地区域的城市化地域模式问题进行研究，认为交通枢纽地位的奠定和交通职能的强化，将会引发商贸业、制造业等一系列相关产业和经济活动，产生一种显著的循环与累积效应，推动城市的超常规增长。王冬梅和姜帆[104]为了确定城市大型客运交通枢纽的合理规模，对客运交通枢纽修建后带来的经济效益进行了探讨，也比较早地给出了其国民经济效益计算方法。

21 世纪以来，随着中国学者们对于交通枢纽与经济发展相互关系的研究日益增多，一些研究开始关注枢纽港口、铁路枢纽等不同交通方式的交通枢纽与经济发展的关系，其中对港口的研究较为丰富。吴松弟[105]对中国港口在近现代的变化进行总结分析，发现港口－腹地之间的互动深刻影响了中国近代的交通、贸易体系、城市格局、经济区域等方面，同时也是中国不同区域在这些方面产生差异的重要原因。黎鹏和张洪波[106]利用海港区位理论、劳动地域分工理论系统论证了港口－腹地经济地域系统的客观存在性，认为其空间范围由港口的经济吸引半径所决定，然后分析港口－腹地经济地域系统形成发展过程，认为自然条件、区位条件、人口劳动力与科技条件、经济条件和社会条件是主要的影响因素。郎宇和黎鹏[107]讨论了港口－腹地经济一体化的理论依据、动力机制及港口－腹地经济地域系统运动发展的一般演化规律等基本理论问题。杜彩军和董宝田围绕几个典型铁路、公路枢纽城市的货运发展与经济增长展开分析和比较，提出铁路交通枢纽的发展依赖于区域经济的发展，公路交通枢纽的发展依赖于城市经济的发展。

虽然对于交通枢纽的研究逐渐增多，但是目前对于交通枢纽与区域经济关系的研究大多集中于定性分析和案例研究，只有个别学者对其进行了实证研究。朱传耿等[108]运用灰色关联分析法计算 1990—2005 年连云港港口－淮海经济区的均值关联度，发现连云港港口－港城关联发展总体上呈上升趋势，并具有明显的区域差异性，呈现出皖北和豫东保持稳定、鲁南整体下降、苏北缓慢上升的态势。李煜伟和倪鹏飞[109]利用网络分析工具和新经济地理理论对新古典区域经济增长模型进行修正，通过对交易费用的细分构建外部性和运输网络下的城市群经济增长模型，发现运输网络的改善将加速中心城市的要素集聚，如果降低非中心城市间的运输成本，则有利于其经济加速增长，实现与中心城市的协同增长。杨凡[110]研究了航空港与城市经济发展之间的关系，利用中国35个大中型城市的面板数据，发现航空港对于不同大小的城市影响不同，对于大型城市，航空港是城市发展的内生因素，会促进城市经济的长期增长，而对于稍小一点的中型城市，航空港客流增长是城市长期经济增长的单向格兰杰原因。梁双陆和崔庆波[111]研究发现，在沿边开放即市场边界扩大的情境下，交通支线越多，枢纽城市的市场潜能越大，产业聚集力越强，提高道路等级而降低运输成本也具有同样的效应。阳明明和韦琦[112]基于空间经济学的演化模型，以腹地人口规模为自变量，将交通枢纽的区位、产业规模、运输成本和运输距离等决定物流量的系统因素考虑在内，构建一个专门用于对交通枢纽或枢纽城市物流量进行长期预测的理论模型，并进行了数值模拟分析。

国内学者关于交通枢纽的研究更多的还是集中于对某个具体交通枢纽进行分析。周敏炜[113]以无锡市为背景，指出了完善交通枢纽功能的主要对策措施。肖娥芳[114]对湖北交通枢纽型乡镇经济发展模式进行了研究，指出了交通枢纽型乡镇的基本概念和特性。李宏[115]就交通枢纽建设对经济发展的影响作用进行了理论分析，并以韶关市为例进行了实证分析。董晓菲等[116]以大连港－辽宁经济腹地系统为例，分析了港口－腹地系统的空间结构演化规律。蔡云辉[117]以宝鸡市为例，对西部交通枢纽城市如何利用其地理位置与旅游资源来促进其旅游业的发展等相关问题进行了初步探讨。刘赫[118]梳理了北京铁路客运交通枢纽的空间建设及运营情况，并且进一步分析了铁路交通枢纽对周边区域产生的经济效应。陆琳[119]利用层次分析－模糊综合评价模型构建了铁道交通枢纽评价体系，然后以贵州省铁路枢纽为例对其进行分析。姜伟等[120]以重庆市九龙坡区为例，研究了区域交通枢纽与经济发展水平的适应度，发现二者之间呈现周期波动变化，且均未达到较强的适应状态。

自2014年中国提出“一带一路”倡议以来，相关的研究日益增加，一些学者也对“一带一路”区域中的某些交通枢纽进行了研究。戴东生[121]以宁波市为例研究了海陆联运枢纽的发展，认为加快依托港口优势，打造港口经济圈，向内连接沿海各港口，并通过江海联运、海铁联运，覆盖经济发达的长江流域，辐射广袤的中西部地区；对外通过联结东南亚和日韩黄金航道，辐射东亚及整个环太平洋地区，形成“一带一路”海陆联运枢纽。肖昭升[122]对丝绸之路的经济带核心区——新疆如何建设交通枢纽建设进行了研究，认为通过加快与周边国家交通基础设施的互联互通，加强与内地交通联系的多路畅通，加速新疆天山南北交通的便捷连通，尽快建成核心区国际性核心交通枢纽，是支撑和引领丝绸之路经济带核心区建设的战略保障。

总的来说，对于一个交通枢纽而言，它相比于周围的城市拥有区位优势，货物和人员从交通枢纽到其他城市的交通成本更低，因此就会吸引厂商在交通枢纽选址建厂，更多的厂商出现就会提高劳动力的需求，从而提高工资水平，劳动力也会进一步地被吸引而集聚到交通枢纽。劳动力的集聚会带来循环积累因果效应、规模经济、集聚经济、政策干预、拥挤效应和拉动作用等多方面的影响，其中有的会带来集聚效应，有的会带来扩散效应，集聚效应与扩散效应综合到一起就是交通枢纽的空间溢出效应，当集聚效应大于扩散效应时，空间溢出效应为正，当集聚效应小于扩散效应时，空间溢出效应为负。交通枢纽的空间溢出效应究竟是正的还是负的，是需要根据附近区域的发展情况来确定的，因此在区域发展非常不平衡的中国，研究交通枢纽的空间溢出效应是很有必要也是很有意义的。目前已有的关注交通枢纽与经济发展关系的研究不多，主要以某个具体的交通枢纽的案例分析为主，对于交通枢纽如何影响区域经济发展的理论分析不足，普遍性的实证分析更是匮乏，更少对交通枢纽与集聚经济的关系进行分析。本书试图弥补这些不足，得到的研究结果将有利于各区域因地制宜，制定适合自身特点的交通枢纽建设、发展政策和区域经济政策。

第三节　空间溢出效应研究回顾

一、空间溢出效应的概念与分类

空间溢出效应（spatial spillover effect）是一个舶来词，如果只从中文的字面进行理解，很容易对其产生误解，会认为对周围空间好的影响才是空间溢出效应，从而影响下一步的研究工作。溢出效应是指一个组织在进行某项活动时，不仅会产生活动所预期的效果，而且会对组织之外的人或社会产生的影响，简而言之，就是指经济活动和过程中的外部性对未参与经济活动和过程中的周围个体的影响。空间溢出效应就是指某项经济活动和过程中的外部性对未参加经济活动和过程的空间上邻近的个体产生的影响，例如，一个地区不断加强的经济实力对周围区域经济发展的影响，这种影响可能体现经济产出、劳动生产率、产业结构、投资、消费等各个方面。

经济学讨论溢出效应时一般针对经济溢出效应、知识溢出效应、福利溢出效应等。阿罗最早用外部性解释了溢出效应对经济增长的作用，他认为新投资具有溢出效应，不仅进行投资的厂商可以通过积累生产经验提高生产率，其他厂商也可以通过学习提高生产率。其后众多学者尝试解释溢出效应对经济增长的作用，比如罗默的内生经济增长模型[123]，他认为知识不同于普通商品之处在于知识具有溢出效应，这使得任何厂商所生产的知识都能提高全社会的生产率，因此内生的技术进步是经济增长的动力。卢卡斯的人力资本溢出模型[124]认为，人力资本的溢出效应可以解释为向他人学习或相互学习，一个拥有较高人力资本的人对他周围的人会产生更多的有利影响，提高周围人的生产率。

交通设施与一般的基础设施相比，除了具有公共物品的特征外，还具有显著的网络效应和溢出效应等特征，在现实的空间经济活动中，这种特点表现为地区之间、城镇之间、城乡之间及企业之间的经济、技术、文化等方面的交流和联系。交通枢纽的建设和发展与生产要素的空间集聚和扩散密切相关，因此交通枢纽对区域经济增长的空间溢出效应有正负之分。当生产要素流动主要表现为向交通枢纽的集聚时，交通枢纽对周围区域具有负的空间溢出效应，表现为负的空间外部性；当生产要素流动主要表现为向周边地区的空间扩散时，交通枢纽对周围区域具有正的空间溢出效应，表现为正的空间外部性。交通枢纽对不同区域的空间溢出效应是客观存在的，但是在不同时期不同地区，这种空间溢出效应是以正溢出还是以负溢出为主，却是不确定的。目前已经有一些学者对于交通设施的空间溢出效应进行了研究，一般都是考察对于临近的国家、省或城市的经济产出的影响，研究结果比较片面，只考察了对经济体总量的影响，没有考虑效率的影响，本书在考察空间溢出效应时，从经济产出和劳动生产率两个方面入手，分析交通枢纽对于周围城市经济发展总量和效率两个方面的影响，从而更为全面地分析空间溢出效应。

二、交通运输空间溢出效应的理论研究

交通运输与经济增长的关系一直是经济学者重点关注的问题，从20世纪40年代开始，发展经济学对包括交通在内的基础设施与经济增长的关系提出了不少有见地的思想，被广泛用于指导发展中国家的实践。罗丹[125]最早提出了“大推进”理论，认为交通等基础设施是一种社会先行资本，必须优先发展，罗斯托[126]也将交通等基础设施视为社会先行资本，认为交通等基础设施发展是实现“经济起飞”的一个重要前提条件。总的来说，早期新古典经济学理论及发展经济学理论当中，交通基础设施都被认为是一个重要的资本，可以提高全社会的经济产出。此后不同经济学领域的学者都对交通运输与经济增长的关系进行了研究，新经济地理学自从克鲁格曼开创了中心-外围模型之后，就将交通成本当作区域中不完全竞争和劳动力流动的重要因素；城市经济学中将交通成本视作影响城市空间结构的一个决定性因素[127-129]，分析交通成本的变化对城市中人们活动的影响；宏观经济学中的内生增长模型也认为改善交通可以通过科技进步对经济增长做出贡献[130-132]。

从以往对交通与经济之间关系的研究来看，改善交通主要从两种途径影响生产率：第一种途径是交通成本的下降使得企业的投入成本得以降低，从而提高了要素生产率，运输改进引起的生产和销售成本的降低也会导致规模效应和竞争水平的提高，最终将留下生产力水平更高的公司[133-134]；第二种途径则是通过集聚经济，交通的改进可以改变人们和厂商参与经济活动的方式，提高空间内经济活动的联系程度，通过集聚经济引起生产率的提高。不少典型国家的经济发展史也向我们展示了交通运输业的发展促进了经济增长，而经济增长又促进了交通运输业的发

展的关系，两者之间互为因果的相互作用导致出现了正反馈现象[135]。不少实证研究的结果也证实了交通与经济之间互为因果，相互促进的关系[136]，不过随着估计的地区、时期和方法不同，交通设施对于经济增长的作用有明显的差距。Button[137]、Melo 等[138]都曾对既有的关于交通运输与经济发展关系的研究进行总结分析，发现美国的交通基础设施产出弹性系数一般是要大于欧洲的，而长期的交通基础设施产出弹性系数也是要大于短期的。实践中人们也发现在一些发展中国家交通等基础设施作为社会先行资本，对社会经济发展的带动作用并不如想象中那么显著，有的研究甚至得出交通基础设施对某些区域的经济发展产生了负作用的结论，这又与人们关于交通基础设施对经济增长有积极作用的普遍认识有很大的出入，也引发学者对交通运输与经济发展关系的进一步深入研究。

随着对交通运输与经济发展关系研究的深入，学者们发现由于交通基础联通不同地区的特性，它能够使当地的经济活动影响到其他地区的经济活动[139]，即可能存在空间溢出效应。正是空间溢出效应的存在，使得交通运输对周围区域的经济发展可能产生好的影响，也可能产生不好的影响，当交通运输设施将各个区域的经济活动连成一个整体，通过经济增长较快区域带动增长较慢区域的经济发展，就表现为正的空间溢出作用；但是当交通基础设施通过集聚效应使生产要素更方便地流向经济发达地区，一个区域的经济增长可能会以其他区域的经济衰退为代价，就表现为负的空间溢出效应。学术界目前对于交通运输的空间溢出效应具体会如何变化还有很多争论，克鲁格曼在构建的中心-外围模型中认为外围地区会持续向中心地区集聚，也就是说，中心地区一直有负的空间溢出效应，Holtz-Eakin[140]则认为空间演化过程可以用一个钟形曲线来描述：随着交通成本的不断降低，商品和人口的转移成本也随之下降，从空间角度看市场进一步一体化了，经济活动开始聚集在少数几个大城市区域，在第二阶段，经济活动大量向周围区域扩散，形成中小城市。

三、交通运输空间溢出效应的实证研究

正是由于交通运输对区域经济发展有重要的影响，而其空间溢出效应却具有不确定性，国外很多学者对交通运输的空间溢出效应进行了实证分析，目前绝大部分这方面的实证研究都使用交通基础设施来进行分析，有的学者将各类交通基础设施综合考虑，有的学者将公路、港口、机场等不同类别的基础设施单独进行考虑。从研究结果来看，比较大的一部分研究显示，交通基础设施对于区域经济发展有显著的正向空间溢出效应，也有一部分研究得出了相反的结论，认为交通基础设施对区域经济发展有显著的负向空间溢出效应，还有一些实证研究显示，交通基础设施有混合的空间溢出效应或根本不存在溢出效应，部分学者的研究情况见表2－2。总体来说，对于不同国家、不同时期、不同类型的交通基础设施，其呈现出的空间溢出效应有很大的不同，需要针对具体问题，选取合适的样本和时期进行分析。

表2－2　国外有关交通基础设施空间溢出效应的部分研究

作者	研究对象	结果
Holtz-Eakin[141]	美国州级公路	无明显的空间溢出效应
Cohen 和 Morrison[142]	美国机场基础设施	邻近州机场资本对制造业成本有正的空间溢出效应，弹性系数是0.12
Cohen 和 Morrison[143]	美国公路基础设施	邻近州公路资本对制造业成本有正的空间溢出效应，弹性系数是0.01
Cohen 和 Morrison[144]	美国港口和公路基础设施	邻近州港口成本对制造业成本有负的空间溢出效应，弹性系数是0.13

续表

作者	研究对象	结果
Sloboda 和 Yao[145]	美国交通和非交通支出	显著的负空间溢出效应
Jiwattanakulpaisarn et. al.[146]	美国公路基础设施	州之间同时有正的或负的空间溢出效应
Cantos 和 Gumbau et al[147]	西班牙公路基础设施	正的空间溢出效应，占总效应的80%
Álvarez-Ayuso 和 Delgado-Rodriguez[148]	西班牙高容量公路基础设施	对私人部门有明显的正溢出效应，弹性系数为0.017
Álvarez-Ayuso 等[149]	西班牙交通基础设施	不对称的空间溢出效应，穷困的区域呈现出负的溢出效应，而较为富裕的区域则可以从邻近地区的资本存量中获益

中国学者对交通运输的空间溢出效应研究起步较晚，大多数研究都是在西方学者理论的基础上，结合中国的实际情况进行分析。因此和国外研究方向类似，国内在实证研究交通运输的空间溢出效应时，绝大部分都是考察公路、铁路等交通基础设施的空间溢出效应，有些研究针对整体交通基础设施进行分析，有些研究则是针对某一种交通基础设施进行研究。目前国内学者研究交通基础设施的空间溢出效应时，基本上使用的都是省级面板数据，利用各个省的生产总值来分析交通基础设施对经济发展的影响，很少从城市的层面进行思考，只有一些学者（洪世键和张京祥[150]；张浩然和衣保中[151]；雒占福等[152]）在研究城市经济发展问题时，将城市内的道路基础设施作为对象，考察交通设施对于城市经济发展的影响。这种研究缺漏很大一部分原因是由于城市层面的交通基础设施数据不足，无法取得每个城市拥有的铁路、公路等交通基础设施的里程数据，采用市内道路基础设施的缺点就是只能将交通作为城市内部基础设施的一种进行考虑，放弃了交通连接不同区域，运转客货流的特性，无法体现交通与区域经济发展的互动关系，因此有必要加强城

市层面的研究。从对中国的实证研究结果来看，大多数研究都发现中国交通枢纽对于区域经济有正的空间溢出效应，不过不同地区呈现出不同的结果，在中西部地区有时会出现负的空间溢出效应，同时交通基础设施对于制造业和服务业的影响是不一样的，部分研究和具体结果见表2－3。

表2－3 有关中国交通基础设施空间溢出效应的部分研究

作者	研究对象	结果
Yu et. al.[153]	交通基础设施	不同区域不同时期内空间溢出效应不确定
Song 和 Geenhuizen[154]	港口基础设施	正的溢出效应，溢出大小按照长三角 > 环渤海 > 珠三角 > 中部地区排列
Jiang et. al.[155]	交通基础设施	在经济发展相似的省之间有高度的正溢出效应，在欠发达省份却有低的或负的溢出效应
胡鞍钢和刘生龙[156]	交通基础设施	正的空间溢出效应，占总效应的21%
刘勇[157]	公路、水运基础设施	从全国范围看存在正的空间溢出效应，但不同区域不同时段存在差异
李忠民等[158]	交通基础设施	正的空间溢出效应，东中西部有区别
张学良[159]	交通基础设施	非常显著的正向空间溢出效应
张光南和宋冉[160]	铁路、公路基础设施	正的溢出效应，制造业结构接近的地区比相邻地区的交通空间溢出效应更为显著
李涵与唐丽淼[161]	公路基础设施	省级公路设施对企业库存具有显著的空间溢出效应，弹性估计平均为－0.087，约是本省公路设施影响的1.5倍
杨晨等[162]	交通基础设施	对城市化进程有着显著的正向空间溢出效应

第四节　研究评述

本章通过对集聚经济理论、经济地理理论和空间计量理论的回顾梳理，对交通枢纽和空间溢出效应的概念与分类进行了详细说明，分析了交通枢纽与经济发展相互关系和交通运输对经济发展的空间溢出效应两方面的相关研究，发现以往研究在以下几方面有待进一步扩展。

（1）虽然早期的经济学理论就对于交通枢纽有所关注，如区位理论比较早的对于交通枢纽进行了分析，但是直到 Fujita 和 Mori 的研究才逐渐让主流经济学重视交通枢纽。不过近年来主流经济学理论对于交通枢纽的研究依旧不够深入，即使是在经济地理理论中，也经常将一个地区的交通条件简单地用冰山成本表示，还需对交通枢纽与区域经济发展之间的关系运用经济学理论进行深入探讨。

（2）针对交通枢纽进行研究时，国内外学者对于交通枢纽概念有理解差异，国外研究的交通枢纽较为微观，如某个具体的机场、车站等，而国内研究的交通枢纽不仅包括这种微观的交通枢纽，还包括宏观上的交通枢纽城市。目前国内对于交通枢纽与经济发展关系的研究不多，理论研究多以定性分析为主，没有形成完备的理论分析框架，实证分析则主要以某个具体交通枢纽的案例分析为主，缺乏普遍性的实证分析，无法得到全面的结果。

（3）交通运输的空间溢出效应对于正确衡量交通运输对经济发展的影响非常重要，但是目前这方面的研究主要集中于交通基础设施空间溢出效应的研究，缺乏对交通枢纽空间溢出效应的研究[163-164]。不过中国近几年有不少学者研究了交通基础设施、城市经济产出等因素对于周围区域经济发展的空间溢出效应，对后续的研究打下了一个良好的基础，本书将在此基础上对交通枢纽的空间溢出效应开展研究，补充现有经济学理论对于交通枢纽的研究，为以后的研究提供一定的理论支持。

第三章

中国交通枢纽的发展历程及现状分析

第一节　中国交通枢纽的发展历程

中国交通枢纽的发展历程与地理、政治、军事和经济等因素密切相关，由于古代中国长期实行重农抑商的政策，交通枢纽受其地理条件、政治功能和军事功能的影响尤为突出，交通枢纽的发展规模往往与其所处的政治地位成正比。但随着生产力的发展，交通枢纽的经济职能显得越来越重要，特别是近代以来，经济已成为交通发展的主要动力。本书将中国交通枢纽的发展历程大致分为先秦时代、秦汉时代、隋唐宋时代、元明清时代、近代和现代共6个阶段[165]，接下来本书将简要叙述各个时代中国交通枢纽的发展情况。

一、中国古代交通枢纽的发展历程

1. 先秦时代

这个时代华夏文明刚刚开始发展，各方面的条件都很落后，此时自然地理因素对于交通枢纽至关重要，中国最早的城市都分布在黄河和长江流域，因为这些地区土地肥沃，气候适宜，便于开展农业生产活动，交通条件较好，便于商品的运输和集散，满足了城市产生至少要具备的剩余农产品和运输条件两个技术性前提[166]。《逸周书·度邑解》就曾经记载周武王修建新都洛邑（现河南省洛阳市附近）对于交通位置的重视，“自雒汭延于伊汭，居易无固，其有夏之居，我南望过于三涂，我北望过于岳鄙，顾瞻过于有河，宛瞻延于伊雒，无远天室。”后来虽然西周灭亡之后，周平王东迁成周，但是洛阳凭借其四通八达的地理位置继续发展，成为一个重要的商业中心。除了洛阳以外，还有郑（现河南省新郑市）、邯郸、梁（现河南省开封市）等城市也在春秋战国时期发展成了重要的交通枢纽，总的来看，这个时代交通枢纽的发展受制于科技水平的落后，只有一些早期的交通工具和不太连贯的道路，交通枢纽的建立和发展主要依靠自身优越的地理条件，这个时代的交通枢纽基本上集中于黄河流域。

2. 秦汉时代

秦统一中国后，在全国范围内广修道路，包括邯郸广阳道、陇西北地道、三川东海道、南阳南郡道、直道（见图3－1）等都在短短十来年的时间内就被建成。这些道路联通了当时的主要地区，在平坦之处路宽达到五十步（约69 m），是中国历史上最早的正式的“国道”，对交通枢纽的兴起和发展起到了很大的促进作用，秦的国都咸阳也成了当时全国最重要的交通枢纽，人口规模达到了80万人，是当时世界上最大的城市。不过随着秦朝的灭亡，西汉的国都长安取代咸阳成了全国最重要的交通枢纽，而且以长安为起点，还开辟出了举世闻名的丝绸之路，那时长安已经成了一个云集四方宾客，商贸非常发达的城市。张衡在《西京赋》中就提到“郊甸之内，乡邑殷赈。五都货殖，既迁既引。商旅联槅，隐隐展展。冠带交错，方辕接轸。”除了长安以外，汉朝最重要的交通枢纽就是洛阳，特别是光武帝将国都迁到洛阳之后，其重要性更是超过长安。长安和洛阳外，各郡的郡治所在往往也会成为区域内的交通枢纽，如宛（现河南省南阳市）、成都、建业（现江苏南京）等地。总的来说，随着秦始皇首次建立统一的封建王朝，除了地理条件对交通枢纽的发展有决定性影响以外，政治地位也成了必须要考虑的因素，从这个时代开始中国交通枢纽不再仅仅局限于黄河流域，长江流域逐渐出现了一些重要的交通枢纽。

图 3－1 秦直道遗址

3. 隋唐宋时代

随着华夏文明从战乱中复兴，经济快速发展，长安和洛阳因为政治中心的关系，也很快恢复到了秦汉时代的繁荣，甚至犹有过之。通过不断完善发展道路，形成了以长安、洛阳为中心，其他重要交通枢纽为辅的道路交通网络，《隋书》中就有记载："诸州调物，每岁河南自潼关，河北自蒲阪，达于京师，相属于路，昼夜不绝者数月。"这个时代的一大特点就是水路运输开始成为主要的运输方式之一，以京杭大运河为代表，修建了各类水道以方便运输，黄河和运河连接处的汴州（现河南省开封市）、长江和运河连接处扬州等地也成了仅次于长安和洛阳的重要交通枢纽。周邦彦在《汴都赋》中就如此描绘汴京水路的繁华盛况："舳舻相衔，千里不绝。越舱吴艚，官艘贾舶，闽讴楚语，风帆雨楫。"北宋画家张择端的传世画作《清明上河图》也生动地描绘了当时汴京的繁华，汴河上商船云集，大街上车水马龙，各种商贩车队川流不息，如图3－2所示。同时，这个时代的海运也开始快速发展，广州成为唐朝时南海贸易最繁华的口岸，聚集了数以万计的国内外商人，泉州从宋朝开始也逐渐发达，到南宋时已经和广州不相上下，成为当时又一重要交通枢纽。总的来看，这个时代的经济因素已经开始逐渐影响交通枢纽的发展，同时水运的地位快速提升，虽然总体发展还不如北方，但是南方的交通枢纽已经成为交通网络的重要构成部分。

图3－2　清明上河图（局部）

4. 元明清时代

从元朝统一中国开始，北京便成了中国最重要的核心交通枢纽。通往北京的道路上，不仅有国内的商贾旅人，各国的使者、商人和旅行家们也是络绎不绝，马可·波罗也正是利用这个时代交通的便利游览了中国，他的见闻也激起了欧洲人对东方的热烈向往，对以后新航路的开辟产生了巨大的影响。由于明初曾经定都南京，使得南京一度成为中国南方的核心交通枢纽，不过自清朝建立以后地位逐渐下滑。这个时期内陆各个海运交通枢纽由于明清时期实行海禁，发展状况不如以前，只有广州的发展还算良好，曾在元朝被誉为“东方第一大港”的泉州日渐衰败。这个时代经济因素对于交通枢纽的形成也越来越重要，如西北地区的一些交通枢纽，由于成为晋商的主要商路的重要中转点，实现了快速的发展，成了西北地区的边陲重镇，图 3 –3 为西口古道遗址，作为山西通往内蒙古的陆路关口通道，见证了明清时期近代晋商文化的发展。总的来看，这一时代的交通发展达到了中国封建时期的顶峰，为近代交通打下了基础，不过影响因素还是以地理条件为基础，政治条件是主要影响因素，经济因素的影响较小。

图 3 –3　西口古道

二、中国近、现代交通枢纽的发展历程

1. 中国近代

在 1840—1949 年的这一时期，中国社会发展经历了天翻地覆

的变化，由于清政府在帝国主义胁迫下，签订了一系列丧权辱国的不平等条约，中国成了半殖民地、半封建社会，这一时期交通枢纽的发展也随之发生重大变化。中国古代由于政治的需要，全国最重要的交通路线一直就是连接首都的主要交通路线，而各区域通往行政中心所在城市的道路则是区域内最重要的道路。进入近代以来，在沿海地区被迫通过条约开放了许多商埠口岸，如《北京条约》增开天津为通商口岸，如图 3 -4 所示，甚至割让和租借给了帝国主义一些地区。这些殖民地或半殖民地通商口岸城市成了殖民主义宗主国对中国的资源掠夺和产品倾销的据点，如香港、青岛、大连等城市，不过这些城市也因为对外贸易中的交通枢纽地位而得到快速的发展，在 30 年左右的时间内，这些城市的人口规模均由原来的数百人或数千人，提高到 50 万人口以上的中等城市。

图 3 -4 《北京条约》增开天津为通商口岸

伴随着通商口岸的设立和对外贸易的兴起，火车、轮船、汽车等现代交通工具也陆续进入中国，这些新式交通工具大大改变了交通枢纽的发展轨迹。原有的一些城市，如北京、济南、徐州等陆续发展成为铁路枢纽，扩大了城市的功能和辐射影响力。一批新的城市也由于新式交通工具的出现而得到迅速发展，如因津浦铁路的修建，蚌埠市在1908—1926年的18年内，由原来500户人家的渔村，发展到人口规模20万人以上；石家庄在1900年时也是一个仅有800余人的小村庄，自京汉、石太铁路（1904—1911年）建成后，便一跃成为中国北方重要的铁路枢纽，到1949年时城市人口达到28万人，40多年内人口增长了300余倍。而在西部地区由于缺乏水运干线，铁路修建滞后，公路成为主要的交通运输方式，对城市发展产生重要的影响，如宝鸡、双石铺、天水、华家岭、广元、腾冲等城市，最初都是在新建公路的影响下发展起来的。这些新兴城市由于经济发展速度超过原先的行政中心城市，逐渐超越长期以来集行政中心与经济中心于一体的传统城市，成长为区域内的经济中心，有的地区甚至出现了行政中心向新的经济中心转移的现象，如石家庄取代保定成为河北省省会，郑州取代开封成为河南省省会。

此外，中国的新式交通大多以港口城市为指向，例如，无论何种方向的铁路，必有一端通向某个沿海或沿江的港口城市，这也导致古代以首都和各省省会为中心的交通体系转化为以港口城市为中心的新格局，以1936年各地的埠际贸易为例，输入总额的66.6%、输出总额的72%都集中在上海、天津、青岛、广州四个城市，其中上海一地便集中了输入总额的36.3%和输出总额的39.1%。在民国时期设立的151个市中，人口规模在200万以上的第一大城市上海，100万~200万的特大城市有北平（今北京）、广州、天津、南京，50万~100万的大城市有汉口、杭州、青岛、沈阳，这些城市大多是沿海港口城市。这些现象的出现标志着经济因素逐渐成为近代交通枢纽发展的首要动力，深深影响了之后中国现代交通枢纽的发展。

2. 中国现代

新中国成立之初，由于中国已经经历了多年的战乱，交通运输发展十分落后。全国能使用的公路只有8.08万km，仅有5.1万辆汽车，铁路总里程也仅2.18万km，其中一半还处于瘫痪状态，陆地交通的主要运输工具还是畜力车。民航航线只有12条，内河航道也基本处于自然状态，黄河流域等地区还因为缺乏修缮导致河水泛滥成灾，水上运输工具也主要使用落后的木帆船。新中国成立后，经过3年的国民经济恢复期，修复了被破坏的交通运输设施设备，恢复了水陆空运输。1953—1965年，中国开始有计划地进行交通运输建设，在此期间国家投资改造和新建了一批公路、铁路、港口码头、民用机场，提高了西部和边远地区的交通运输基础设施覆盖程度，疏浚了主要航道，新开辟了许多国际、国内水路和空中航线，扩大了邮政网络，增加了运输装备数量。"文化大革命"期间（1966—1976年），交通运输发展一度受到严重干扰，但设施和装备规模、运输线路仍在增加，特别是针对沿海主要港口压船、压港、压货日趋严重的局面，加快了港口基础设施建设。

1978年改革开放以来，中国政府非常重视交通运输的建设发展，加大政策扶持力度，每年都投入大量资金建设，这段时间也是中国交通运输建设力度最大，发展速度最快的时期。经过几十年持之以恒的建设发展，中国交通运输取得了举世瞩目的成就，各类交通方式的主干网络已经基本搭建完成，几乎所有乡镇都通了公路。2019年底，高速铁路营业里程达到3.5万km，高速公路里程达到14.96万km，已经建成了世界上里程数最长的高速公路网络和高速铁路网络，全球货物吞吐量排名靠前的港口也基本上都在中国，交通总体发展水平正在逐渐接近世界一流水准，并且中国没有停下大力发展交通运输的步伐，2019年全年完成交通固定资产投资超过3.2万亿元。持续扩大投资，利用交通运输引领经济发展。

在早些年的交通运输建设中，中国比较注重通道建设而忽视了交通枢纽的建设，直到20世纪末期，针对中国交通的发展情况和呈现出的各种问题，中国政府开始在一系列规划中注重交通枢纽的建设与发展。最早在1992年，交通部组织编制了《全国公路主枢纽布局规划》，确定了全国45个公路主枢纽的布局方案，此后为适应新时期公路交通发展的要求，加快与国家高速公路网相协调，与铁路、港口等其他运输方式紧密衔接，布局合理、运转高效的国家公路运输枢纽的建设，在《全国公路主枢纽布局规划》的基础上，2007年又制定了《国家公路运输枢纽布局规划》，共确定179个国家公路运输枢纽，其中12个为组合枢纽。

铁路部门在“十一五”规划中也核定了北京、上海、广州、武汉、西安和成都六个大的枢纽性客运中心，哈尔滨、沈阳、济南和郑州等十个大的区域性客运中心。为了优化铁路枢纽布局，在2016年新修订的《中长期铁路网规划》中确定构建北京、上海、广州、武汉、成都等19个综合铁路枢纽。民航局也在官方文件中核定北京、上海、广州为三个大的门户复合枢纽机场，重庆、成都、武汉、郑州等八个大的区域枢纽机场，深圳、南京、杭州、青岛等十二个大的干线机场。

除了交通各部门针对自己行业规划了相应的交通枢纽外，为了顺应中国综合交通的发展需要，2007年国家发改委颁布了《综合交通网中长期发展规划》，其中规划了北京、上海等42个全国性综合交通枢纽，希望以综合运输大通道和综合交通枢纽为重点，加快发展综合运输体系，提高交通运输系统的整体效率，支持经济快速稳健发展。在2017年最新公布的《“十三五”现代综合交通运输体系发展规划》中，更是明确提出要建设结合全国城镇体系布局，着力打造北京、上海、广州等国际性综合交通枢纽，加快建设全国性综合交通枢纽，积极建设区域性综合交通枢纽，优化完善综合交通枢纽布局，完善集疏运条件，提升枢纽一体化服务功能。

此外，除了这些专门的交通规划会关注交通枢纽的建设以外，在近些年的区域发展规划中也基本上都会考虑到交通枢纽的建设发展，甚至有些城市会专门编制有关交通枢纽的规划，如2013年发布的《武汉综合交通枢纽总体规划》中就明确提出武汉未来要建成中国中部国际交通枢纽，建设沟通全国、辐射国际的客货运网络，实现货运“无缝衔接”，客运“零换乘”。随着时间的推移，各地地方政府愈加重视交通枢纽的建设发展，很多交通网络上的节点城市都在规划中提出要建设成全国交通枢纽，甚至世界交通枢纽。不过这种有点急功近利的热情也给中国交通枢纽的建设带来了不少的问题，本书也在研究背景中进行了分析，下面就中国交通枢纽的发展现状进行分析。

三、中国交通枢纽的发展特点

通过前面对中国交通枢纽自先秦时代以来发展历程的梳理，可以将各个时代交通枢纽发展的主导动力，使用的交通运输方式，交通枢纽空间分布的特点总结出来，如图3-5所示。本书还根据交通枢纽各个时代发展的特点，将其划分为三个阶段。

（1）先秦时代和秦汉时代是中国交通枢纽的萌芽期，这个时期交通运输技术相对落后，直到汉朝，古代交通工具中最常见的舟车船马才逐渐被广泛使用，交通枢纽这时候的发展也更多的是依靠其自然地理条件进行发展。

（2）隋唐宋时代和元明清时代是中国交通枢纽发展的形成期，古代常用的交通工具此时已经被广泛使用，一批水运交通枢纽也依托运河和港口发展起来，此时依靠各个区域交通枢纽，已经形成了连接全国大部分城市的交通网。

（3）近现代是中国交通枢纽的发展期，这个时期各种现代化的交通运输工具被引入中国，现代化交通枢纽出现并取得长足的发展，特别是改革开放以来政府投入巨额资金建设交通运输，各类现代化交通方式的骨干网络基本建设完备，综合交通枢纽体系开始发展形成。预计在不久的将来，经过政府不断的大力建设，中国交通枢纽将进入到成熟期，那时的主要工作将是根据科技进步和经济社会发展需要不断完善交通枢纽体系。

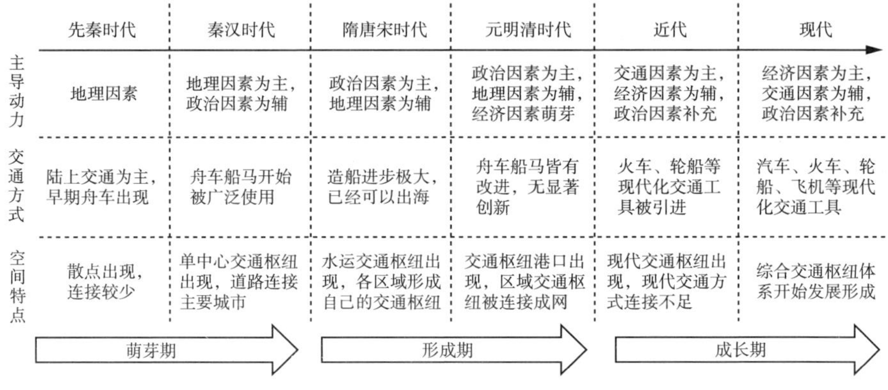

图 3－5　中国交通枢纽发展阶段的划分

中国交通枢纽的发展的特点具体可以分为以下几点。

（1）主导发展动力从地理条件和政治地位逐渐转变为交通条件和经济水平。交通枢纽的发展受到地理、政治、交通、经济等因素的影响，古代由于生产力还不够发达，人们的生产能力有限，一般会选择地理条件较好的地方居住，建造城市，其中地处平原或河流沿线的城市由于交通便利，逐渐会成为人们交换商品、进行贸易的地方，进而形成了一个又一个交通枢纽，地理条件成了交通枢纽发展的基础。到了封建集权时期后，古代最重要的交通枢纽一般都是每个朝代的都城，从长安、洛阳到北京，封建王朝往往会利用绝对的政治权利将全国最优秀的人才、最丰富的资源集中到自己的都城，然后以都城为核心向外辐射连接各个区域的行政中心，从而构建全国道路交通网的骨干网络。各区域则会从行政中心向外辐射构建区域内的道路交通网络，最终形成了全国的交通网络，由此可见，政治定位对交通枢纽的发展起到了决定性的影响。随着近代以来科学技术的不断进步，各种大容量的现代交通工具被发明出来，一个城市即使最初的地理条件不好，只要是成为铁路或公路的重要节点，一样可以发展成为重要的交通枢纽，交通条件对于交通枢纽发展的重要性与日俱增。同时，随着生产力水平的快速提高，社会格局也发生了深远的变化，交通枢纽的经济发展程度逐渐比政治地位更加重要，一个经济发达的交通枢纽可以通过交通网络对周围区域施加更大的影响。

（2）从单一交通方式的交通枢纽到综合交通枢纽的转变。最初中国的交通枢纽都是单一的道路交通枢纽，例如，像长安这种陆上交通的重要枢纽，随着科技的不断进步，人们能够使用的交通方式逐渐增多，陆续出现了水运、海运、铁路、公路等交通方式的交通枢纽，而且新兴的交通枢纽往往处于两种甚至更多种交通方式的交汇处，类似广州、上海这种有多种交通方式的交通枢纽日益增多。不过这类交通枢纽在最初只是各个单一交通方式的枢纽，不同交通方式之间并无过多联系，甚至互相竞争。随着经济社会的不断发展，交通需求逐渐多元化，单一的交通方式很难满足经济发展的需要，这些交通枢纽也逐渐实现升级，不断努力实现不同交通方式和交通线路之间的对接和贯通，同时扩大枢纽的规模，从而确保整个运输网络的顺畅运行。近年来，中国的交通枢纽更是在学习西方发达国家的经验之后，朝着多式联运、无缝衔接的综合交通枢纽发展，通过枢纽内部各交通方式之间的立体化衔接来解决大量车流和人流相互干扰的问题，从而满足运输对象不同、起讫点不同、需求时间不同、服务要求不同的多样化运输需求。

（3）从点状发展逐渐升级到以点带面的网络发展。最初中国交通枢纽数量较少，很难与其他交通枢纽发生紧密的联系，而且最初的交通工具能力不强，无法对周围区域发展起到多少影响，基本上各个交通枢纽就是自顾自的发展，在空间上呈现出无序的点状发展特点。随着交通条件的逐渐改善，一些交通枢纽被某些交通干线连接起来，相互之间的发展产生共鸣，如长江流域的下游交通枢纽就会承接上游交通枢纽运送的人或货物，从而产生协同发展，这个时期在空间上呈现出点线结合的发展特点。近年来随着交通网络的不断完善，各个交通枢纽已经不再孤立，而是成为整个交通网络的重要组成部分，扮演着更加重要的中转和衔接角色，彼此之间的联系日益紧密，在空间上形成了以点带面的网络发展特点。

第二节　中国交通枢纽的现状分析

一、中国交通枢纽的等级测度

前面对于中国交通枢纽的发展历史进行了梳理，下面就中国交通枢纽的发展现状进行分析。从前面的总结可以发现，政府部门现有的交通枢纽相关规划数量繁多，不同规划对于不同交通枢纽的定位也不一样，造成了一定的混乱。政府部门规划交通枢纽时往往较为主观，而且都喜欢冠以全国性交通枢纽，甚至国际性交通枢纽的大帽子，使得在有关枢纽的规划建设等工作过程中，造成很多枢纽定位过高，建设起来不仅浪费资源，无法完成规划工作，甚至可能因为好高骛远，没有达到原本可以发挥的作用，影响了交通网络的整体效率。因此，有必要首先对中国各个交通枢纽的等级进行科学合理的测度，分析中国交通枢纽目前的空间分布情况，总结其空间发展规律，为下一步研究其空间溢出效应做好基础准备工作。

1. 测度的方法

目前衡量城市某个领域的发展情况主要是通过打分和分类两种方法：打分方法比较常见的就是各类组织给城市打分排名的各种报告，如世界银行就经常对城市竞争力、城市投资环境等进行打分排名，这些排名有些由于其客观性影响较大，一些权威机构的排名甚至会对城市的名声造成影响；聚类方法常见于不需要非常详细排名，难以赋予各种指标客观权重的领域，在这些领域如果使用较为主观的打分会受到人们的质疑，所以使用科学的统计方法，直接利用这些城市各类数据指标反映的情况进行分类，只要通过科学的分类达到研究目的即可。目前对中国交通枢纽的分类大多集中于政府的规划文件之中，只有少部分学者使用统计方法对中国交通枢纽进行分类。丁金学等[7]利用层次分析法求解影响交通枢纽布局的各指标权重因子，根据交通网络、客货运量、社会经济三类评价指标，对中国的地级及以上城市进行交通枢纽等级划分。孔哲和孙相军[167]利用聚类分析模型，根据区位特征、运输需求、运输条件、政策支持、发展潜力五类测度指标，对重庆市下辖的各区县进行分级划分。总的来说，对交通枢纽城市分级的研究还有很多不足，国内外尚未有像世界银行编制的城市竞争力指数那样足够权威客观的打分方法提供依据，使用分类方法可能更为合理，再考虑到本书下一步主要研究的是不同类别交通枢纽的影响，因此本书选择聚类分析模型对城市的交通枢纽等级进行划分。

本书采用聚类分析方法中的 K – 均值聚类方法对交通枢纽的等级进行划分，K – 均值聚类最初由 Macqueen[168]提出，其目的是把 n 个点（可以是样本的一次观察或一个实例）划分到 K 个聚类中，使得每个点都属于离其最近的均值（聚类中心）对应的聚类，以此作为聚类的标准。K - 均值聚类方法是用途最为广泛的几种聚类方法之一，在能够确定划分类别 K 的数值时是一种非常有效率的分类方法，已经在市场划分、地质统计等很多领域取得成功的应用。K - 均值聚类算法首先随机选择 k 个对象，每个对象代表一个聚类的质心。对于其余的每一个对象，根据该对象与各聚类质心之间的距离，把它分配到与之最相似的聚类中，然后计算每个聚类的新质心。重复上述过程，直到准则函数聚合。通常采用的准则函数是平方误差准则函数（squared-error criterion），即

$$E = \sum_{i=1}^{k} \sum_{p \in C_i} | p - m_i |^2 \tag{3-1}$$

式中：E——一个数据集中所有对象的误差平方和；

p——一个对象；

m_i——聚类 C_i 的质心，即

$$m_i = \frac{\sum_{q \in C_i} q}{| C_i |} \tag{3-2}$$

式中：q——数据集中的某个对象，每个聚类的质心即为该聚类所有样本的均值。

K - 均值聚类方法在本书运用的具体步骤如下。

（1）将样本内的 n 个城市粗略分成 K 个初始类；

（2）进行修改，逐个分派样本内的城市到其最近均值的类中（通过计算指标间的欧氏距离）；

（3）重新计算每个有变化的类的中心对象（均值）；

（4）重复（2）和（3），直到各类无城市进出。

从前面对中国交通枢纽发展情况的分析，以及对相关研究的梳理可以发现，交通枢纽的形成受到地理、政治、交通和经济四

个因素的影响，并且随着时代的进步，交通和经济因素的影响逐渐扩大，已经成为影响现阶段中国交通枢纽发展的主导因素。再考虑到本书想要测度的是现阶段交通枢纽的发展情况，其地理和政治因素的影响主要集中在交通枢纽发展的初期，这两个因素在现阶段的影响也会体现在交通和经济的各类数据之中，因此本书采用交通和经济两大类指标。第一类是交通指标，包括客运总量、货运总量、公路客运量、公路货运量、铁路旅客量、铁路货物运量、水运客运量、水运货运量、民用航空客运量、民用航空货邮运量、年末邮政局数和交通仓储邮电业从业人员数；第二类是经济指标，包括地区生产总值、年末总人口、邮政业务收入，具体见表 3－1。数据主要来源于 2004—2015 年《中国城市统计年鉴》，部分缺失数据通过查阅城市的《国民经济与社会发展统计公报》进行补全，2015 年的中国城市统计年鉴中共有 4 个直辖市、15 个副省级市，273 个地级市，剔除缺少数据的城市，最后计量的样本数为 283 个地级及以上城市。

不同等级交通枢纽命名时本书参考了国家发改委在《综合交通网中长期发展规划》中的命名方法，将城市按照交通枢纽等级，分别命名为全国性交通枢纽、区域性交通枢纽、地区性交通枢纽和普通城市。当然，这种命名方法并不是代表全国性交通枢纽就只在国内交通网络中起到关键的连接中转作用，区域性枢纽只在区域内起作用，这种命名方法想要说明的是测度出的最高等级交通枢纽是全国范围内的关键交通枢纽，在全国各类交通枢纽中扮演着最重要的角色，它当然也会成为国内的交通网络连接国际交通网络的重要节点，就像在《“十三五”现代综合交通运输体系发展规划》中，有关政府部门又将中国的交通枢纽划分为国际性综合交通枢纽、全国性综合交通枢纽和区域性综合交通枢纽，其实所指的具体交通枢纽差不多，只是换了个名称。

表 3-1 聚类分析所用指标

指标类型	指标名称	单位
交通指标	客运总量	万人
	货运总量	万吨
	公路客运量	万人
	公路货运量	万吨
	铁路旅客量	万人
	铁路货物运量	万吨
	水运客运量	万人
	水运货运量	万吨
	民用航空客运量	万人
	民用航空货邮运量	万吨
	年末邮政局数	所
	交通仓储邮电业从业人员数	万人
经济指标	地区生产总值	万元
	年末总人口	万人
	邮政业务收入	万元

2. 测度的结果

通过对 2003—2014 年的数据进行聚类分析可以得到历年的交通枢纽分布，以 2014 年为例，在 2014 年全国性交通枢纽有 6 个，包括北京、上海、广州、深圳、天津和重庆，区域性交通枢纽有 28 个，包括南京、武汉等，地区性交通枢纽有 61 个，包括南昌、洛阳等，其余的普通城市有 188 个，包括景德镇、遵义等，各类交通枢纽的具体城市见表 3-2，各年具体情况可见附录 A。

表 3-2　2014 年各类交通枢纽

类型	城市
全国性交通枢纽（6 个）	北京、上海、广州、深圳、天津、重庆
区域性交通枢纽（28 个）	南京、武汉、成都、西安、杭州、青岛等
地区性交通枢纽（61 个）	南昌、洛阳、温州、昆明、贵阳、兰州等
普通城市（188 个）	景德镇、遵义、辽阳、防城港、铁岭等

资料来源：作者统计。

二、中国交通枢纽的空间分布

本书通过聚类分析方法测度的各级交通枢纽和一般规划相比，全国性交通枢纽的数量明显减少，这是因为聚类分析的特点是将属性类似的样本归于一类，本文选取的各类交通指标和经济指标都是运行数据，使得某个城市即使处于重要的地理区位，也拥有公路、铁路等良好的基础设施，但当年的交通运行数据很差就不能归类于全国性交通枢纽城市或区域性交通枢纽城市。不过本书的全国性交通枢纽城市与最近公布的国家中心城市较为符合，只是入选国家中心城市的成都在分析时仍属于次一级的区域性交通枢纽，说明成都与其他几个城市还有一定的发展差距，需要加速发展才能如城市定位一样成为国家中心城市。通过观察分析，发现大部分城市的交通枢纽等级较为固定，如北京、上海、广州就一直属于全国性交通枢纽城市，同时中国交通枢纽呈现明显的空间差异，东部沿海地区的交通枢纽等级要高于中西部地区，近年来随着重庆、郑州、西安等中西部交通枢纽的快速发展，使得中国的交通枢纽分布日益均衡，不过东北地区的交通枢纽不仅没有明显进步，甚至还有所退步，也反映出了目前东北地区经济发展的困境。

通过聚类分析方法测度的各级交通枢纽城市和一般规划相

比，全国性交通枢纽城市和区域性交通枢纽城市的数量明显减少，但这并不是指成都、武汉这样的城市达不到成为全国性交通枢纽城市，从广义上讲，这些城市都发挥着重要的集散和中转功能，只是通过交通和经济指标反映的功能作用显示，它们发挥的作用和北京、上海、广州等城市不是一个层次的。由于本书分类时选取的是交通指标和经济指标，聚类分析方法的特点使得某个城市即使处于重要的地理区位，也拥有公路、铁路等良好的基础设施，但如果没有发挥出足够的作用就不能归类于全国性交通枢纽城市或区域性交通枢纽城市。虽然这种测度方法由于没有考虑未来发展潜力直接用于规划会不太恰当，但是对于测度当下交通枢纽发挥的作用，以及枢纽城市目前所处的功能层级却是十分恰当的。例如，测度结果中全国性交通枢纽城市在早些年份只有北京、上海、广州和深圳 4 个城市，但是随着枢纽建设的完善，天津、重庆发挥出越来越重要的作用，在 2010 年的时候都成为了全国性交通枢纽城市，可以预见，随着配套交通基础设施的建设和地区经济的发展，成都、武汉等城市也会发挥出北京、上海等全国性交通枢纽城市同一层次的作用，进而被归类为全国性交通枢纽城市。从 2014 年的情况来看，《综合交通网中长期发展规划》所规划的 42 个全国性交通枢纽城市依然有十多个城市跟那些发展较好的交通枢纽有明显差距，想要全部城市在规划期内达到有广范的吸引和辐射范围，对综合交通网络的合理布局、顺畅衔接和高效运行具有全局性作用和影响的目标有很大难度。

下面通过对比 2003 年和 2014 年中国交通枢纽的分布来分析中国各类交通枢纽的分布情况及变化趋势。2003 年中国交通枢纽的分布呈现出明显的空间不平衡性，绝大多数的交通枢纽是沿着海岸线分布的，并且在华北地区、长江三角洲和珠江三角洲有明显的集中抱团现象，中西部地区只零星分布了成都、重庆、武汉等区域性交通枢纽城市，其他城市绝大部分都是普通城市。而到了 2013 年时，虽然中国交通枢纽的分布依旧呈现出明显的空间不平衡性，功能等级较高的交通枢纽依然主要分布在东部沿海地区，特别是华北地区、长江三角洲和珠江三角洲，但是中西部地区枢纽的等级和数量都有所提高，西南地区、华中地区和中原地区的交通枢纽已经初具雏形，中国的交通枢纽发展正日趋平衡，中西部地区交通与经济发展日渐起色。不过东北和河北地区的交通枢纽却有所退化，发挥的作用不如从前，可能跟这些地区近年来经济增长速度放缓有关，如东北三省近年来经济增长速度全国倒数。此外，除了明显的空间不平衡性外，近年来一些地区还出现两个城市均具有较高交通枢纽等级的双核格局，如京津冀地区形成北京与天津并居的格局，珠三角地区形成广州和深圳并居的格局，成渝地区形成重庆和成都并居的格局，华中地区形成武汉和长沙并居的格局，这些地区在核心交通枢纽城市的带领下呈现出城市群共同发展的情况，说明近年来中国的城市发展已经进入了区域内城市群协同发展的新阶段。但是总体上看，中西部地区，特别是西北地区和西南地区，还是比较缺乏发展势头良好的城市群，主要是普通城市中零星有几个地区性交通枢纽城市。

除了通过分布图直观对比 2003 年和 2014 年中国交通枢纽的分布来观测其分布情况和变化趋势外，本书还采用统计方法进行更加客观、深层次的分析，选取的统计量是在空间自相关分析中最常用的莫兰 I 数。由于本书是要从整体上检验中国城市交通枢纽等级的空间相关性，因此选用的是全局莫兰 I 数，计算方法如下：

$$I = \frac{\sum_{i=1}^{n}\sum_{j=1}^{n} W_{ij}(Y_i - \bar{Y})(Y_j - \bar{Y})}{S^2 \sum_{i=1}^{n}\sum_{j=1}^{n} W_{ij}} \tag{3-3}$$

其中，$S^2=\sum_{i=1}^{n}(Y_i-\bar{Y})^2$，$\bar{Y}=\frac{1}{n}\sum_{i=1}^{n}Y_i$，$Y_i$ 为第 i 个城市的观测值（本书中指交通枢纽等级），n 为城市总数，W_{ij} 为空间权重矩阵，本书采用行标准化（行标准化是指在设置空间距离矩阵的时候，对矩阵中的每一行求和后，每个元素除以所在行元素之和的标准化操作）的反距离空间权重矩阵。

由于在计算莫兰 I 数时采用了行标准化，因此它的值会在 -1 到 1 之间，其中莫兰 I 数 >0 时表示空间正相关性，其值越大，空间相关性越明显；莫兰 I 数 <0 时表示空间负相关性，其值越小，空间差异越大；当莫兰 I 数 =0 时表示空间呈随机性。根据 2003—2014 年中国各城市交通枢纽等级，结合计算公式（3 -3），可得到中国交通枢纽历年的莫兰 I 数，见表 3 -3。

表 3 -3　2003—2014 年城市交通枢纽等级的莫兰 *I* 数

指标	年份											
	2003	2004	2005	2006	2007	2008	2009	2010	2011	2012	2013	2014
莫兰 I 数	0.17	0.17	0.20	0.18	0.17	0.15	0.16	0.14	0.14	0.13	0.12	0.12
z 值	7.99	8.00	9.40	8.40	8.12	7.39	7.86	6.68	6.49	6.18	5.84	6.13
p 值	0.00	0.00	0.00	0.00	0.00	0.00	0.00	0.00	0.00	0.00	0.00	0.00

资料来源：作者计算。

检验结果显示，2003—2014 年中国城市的交通枢纽等级的莫兰 I 数在 0.12 到 0.20 之间波动，指数均值为 0.154，并且全部在 1% 的水平上显著地偏离随机分布，说明中国交通枢纽城市的确存在明显的空间正相关性。本书还发现各年的莫兰 I 数虽然略有波动，但是总体上呈现逐年减小的趋势，图 3 -6 将历年莫兰 I 数画成折线图，可以更为直观地看到逐渐减小的趋势，这说明中国交通枢纽的空间相关性的确正在逐渐减弱，证实了前面观察不同年份交通枢纽分布的直观感觉，近年来中国交通枢纽的空间分布

的确日趋平衡。

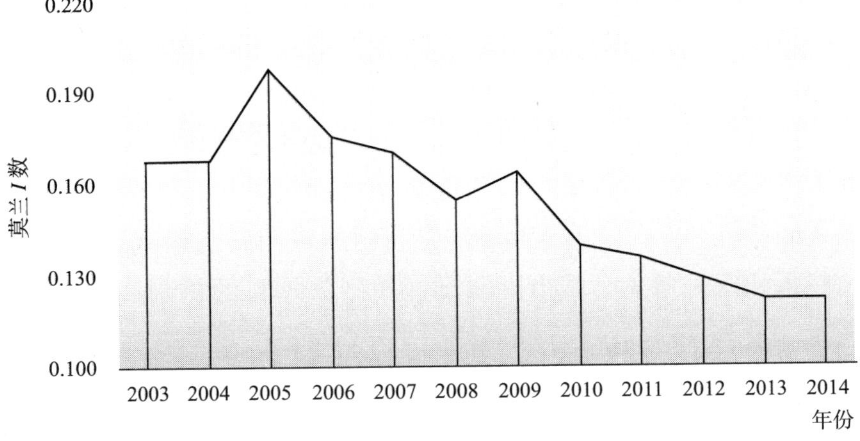

图3－6　中国交通枢纽的莫兰I数变化趋势

三、典型地区交通枢纽的对比分析

由于中国不同地区经济发展水平相差较大，交通枢纽的发展水平也有很大的差距，不同地区交通枢纽的空间溢出效应呈现出截然不同的情况，一些交通枢纽在发展过程中已经展现出来非常好的辐射作用，带动周围区域经济协调发展，但有一些交通枢纽在发展过程中却对周边区域造成了明显的集聚效应，逐渐拉大了交通枢纽与周围城市之间经济发展的差距，一些学者和媒体甚至使用对周围城市“吸血”来形容这种情况，可见这种现象对于区域经济均衡发展的坏处之大。

许多学者针对核心城市与周围城市经济发展呈现巨大差异的现象进行了研究，其中京津冀地区、长三角地区和珠三角地区成为学者最为关注的区域，不仅因为这3个地区是我国经济发展最为重要的3个大的城市群，还因为这3个地区在经济发展过程中呈现出截然不同的状况。观察这3个地区的地图就会发现，上海周围区域经济发展非常发达，拥有昆山、常熟、太仓等全国百强县；而北京周围却有涞水、赤城等众多贫困县，甚至被称为“环首都贫困带”，与北京的经济发展水平呈现出鲜明的对比；珠三角地区则是靠近广州、深圳的城市经济发展不错，远离这两个城市的区域经济发展水平明显下降。针对这3个地区在经济发展过程中展现出的不同现象，我国许多学者通过各种计量方法进行了深入的研究。余静文和王春超[169]利用断点回归法研究了京津冀、长三角和珠三角3个城市圈驱动区域经济增长的机制和路径，发现北京未能带动周围区域的经济增长，而长三角和珠三角地区的中心城市都辐射带动了周围区域的经济增长。朱虹等[170]针对北京和上海两大中心城市对周边腹地辐射模式进行研究，各种模型的结果都证实北京对京津冀地区的辐射模式主要以“空吸”效应为主，而上海对长三角地区则表现为“反哺”效应。武义青和李泽升[171]利用变异系数、泰尔指数等指标对比分析了京津冀城市群的经济密度与长三角、珠三角城市群的差异及变化趋势，发现京津冀城市群的经济密度远远低于其他两个城市群，并且差距呈扩大趋势，京津冀城市群的内部差距明显大于长三角，而且两者呈现截然不同的变化趋势，京津冀的内部差距则呈扩大趋势，长三角的内部差距呈缩小趋势。

针对3个地区经济发展差异的原因，不同学者从不同的角度给出了自己的解释。罗润东和刘文[172]从人力资本角度分析京津冀、长三角和珠三角3个地区的差异，认为不同区域的人力资本竞争力状况的差异在一定程度上影响了经济发展的速度和模式。周立群和江霈[173]从产业结构角度对这种现象进行了解释，认为京津冀地区的主导产业是以原材料工业为主的产业，如河北的钢铁产业，产业集聚的主要原因是资源禀赋和制度因素，而沪苏浙制造业的集聚主要是因为市场和技术因素。比较而言，京津冀地区的产业结构容易引发重复建设、生产能力过剩及恶性竞争等问题，而长三角的产业结构则有助于产业协同和分工。余静文和王春超[174]对京津冀、长三角、珠三角 3 个城市圈中各县市的经济集聚与全要素生产率之间的关系进行研究，发现产业结构是经济集聚影响生产效率的关键因素，随着制造业与服务业比值的逐步增加，经济集聚对技术效率的促进作用逐渐降低，对技术进步的积极作用占据主导，比值在一定区间内，经济集聚可以同时有利于技术效率的提高和技术的进步。孙东琪等[175]从产业空间联系入手，认为中心城市与其邻近的外围地区的产业联系强度弱化是造成这种现象的关键因素，需要加强中心城市与其他各城市产业的关联强度。刘建朝和高素英[176]则从城市空间联系的角度进行分析，认为北京和天津的联系较为紧密，但是北京与周围其他城市的联系要松散得多，因此其余城市与京津的差距在持续加大。张广胜[177]研究了物流竞争力对京津冀、长三角、珠三角 3 个区域经济发展的影响，发现物流竞争力与经济发展变化趋势基本一致，两者具备相互促进的作用，而且物流竞争力对经济发展影响作用更显著。蔡之兵和满舰远[178]利用首位度指标和市场潜能结构指标进行研究，认为北京对周围区域造成负向空吸作用的主要原因是内部经济地理格局割裂程度过大、边界效应过强及周边区域经济初始发展水平较低。

本书以京津冀地区、长三角地区和珠三角地区为例，利用中国城市群中发展最为领先的这 3 个地区，从交通枢纽的视角分析 3 个地区经济发展差异的原因，作为中国交通枢纽空间溢出效应的案例研究。在对典型地区交通枢纽发展情况分析的基础上，进一步探究中国的交通枢纽体系发展现状，寻找发展中存在的问题，总结经验教训，为其他地区交通枢纽发展提供经验借鉴。

1. 京津冀地区、长三角地区和珠三角地区的交通枢纽体系对比分析

在京津冀地区，北京是当之无愧的核心交通枢纽，四面八方的公路和铁路都汇聚到北京，而天津则是明显的副中心，京津冀地区超过半数的城市都有公路直接通往天津，重要的铁路也会路过天津。不过即使是副中心，其交通地位和北京比起来依旧有不小的差距，北京和京津冀地区所有城市都有高速公路直接相连，而天津只有和周围的城市可以通过高速公路直接相连，与京津冀地区中西边的城市连接紧密程度较弱，而铁路连接的差异更为明显，北京是很多重要铁路线的起点，可以通过铁路到达京津冀地区所有的城市，天津虽然是铁路网中的重要站点，但主要和北京联系紧密，其他时候都是北京去往其他城市的过路站点，例如，利用铁路去往天津时，很多时候还需要从北京进行换乘，大大弱化了天津的交通枢纽地位。京津冀地区其他城市与京津相比差距更大，基本上只能保证自己与周围几个城市的公路连接，如果地处京津冀地区的外围地区，那么直接连接的京津冀地区城市将非常少，如张家口直接连接京津冀地区的城市只有北京。周围城市在铁路网中的地位也非常低，基本上都处于北京市发出线路的路过站点，互相之间要么没有铁路连接，要么连接铁路的等级比较低，北京的区位优势极其明显。

如果考虑到各个城市机场的吞吐量，京津两个交通枢纽与京津冀地区其他城市的差距将更为明显。根据2016年最新的统计数据，北京首都国际机场已经连续多年蝉联了全国吞吐量最大机场的称号，即使是在全世界的排名中，也仅仅落后于美国的亚特兰大机场，位居第二。但是京津冀地区其他城市的航空发展就远不如北京了，京津冀地区中排名第二的天津滨海国际机场只排名全国的第二十位，其他城市中排名最高的石家庄机场也已经是三十

名开外，北京首都机场的吞吐量甚至要远远大于京津冀地区其他城市机场吞吐量的总和。在水运方面，由于北京不是沿海城市，因此北京只有水运这种交通方式不再是京津冀地区的交通枢纽，而天津则是京津冀地区的水运枢纽，不过从2016年港口吞吐量的最新数据来看，天津港在全国排名第四，唐山港排名第六，两个港口相差不到10%，两个港口之间的差距很小，此外黄骅港的货物吞吐量也可以排名第十三，天津水运枢纽的优势在京津冀地区并不是那么明显。

总的来看，北京是京津冀地区当之无愧的核心交通枢纽，天津则是副中心，但在交通网络中的地位与北京已经有不小的差距，其他城市相较这两个城市在交通网络地位上的差距更大，京津冀地区的交通网络整体呈现出以北京为圆点向外的放射状形态，周围城市之间的交通连接不够紧密。从各个城市经济上的表现看，北京产生了显著的负向空间溢出，最终导致了北京对周围区域的空吸效应。

长江三角洲地区区域图如图3－7所示，通过观察图中公路和铁路的分布可以发现，上海是长三角地区的核心交通枢纽，但是副中心却难以抉择，杭州、苏州、无锡和南京等城市都拥有连通周围区域的发达交通路网。如果考虑到更广阔的区域，杭州和南京由于分别是各自省份的省会，与各自省内其他城市的交通连接会更加紧密，不过依然与苏州、无锡等城市的差距不大，因此可以说长三角地区有多个交通枢纽副中心，交通枢纽呈现多中心分布的情况。长三角的交通网络非常健全，上海虽然是其交通枢纽，但交通优势并不明显，除上海之外的城市都有交通线路相连，某个城市想要去往另一个城市，不论是汽车还是火车，都可以不经过上海，各个城市之间的交通联系非常紧密。

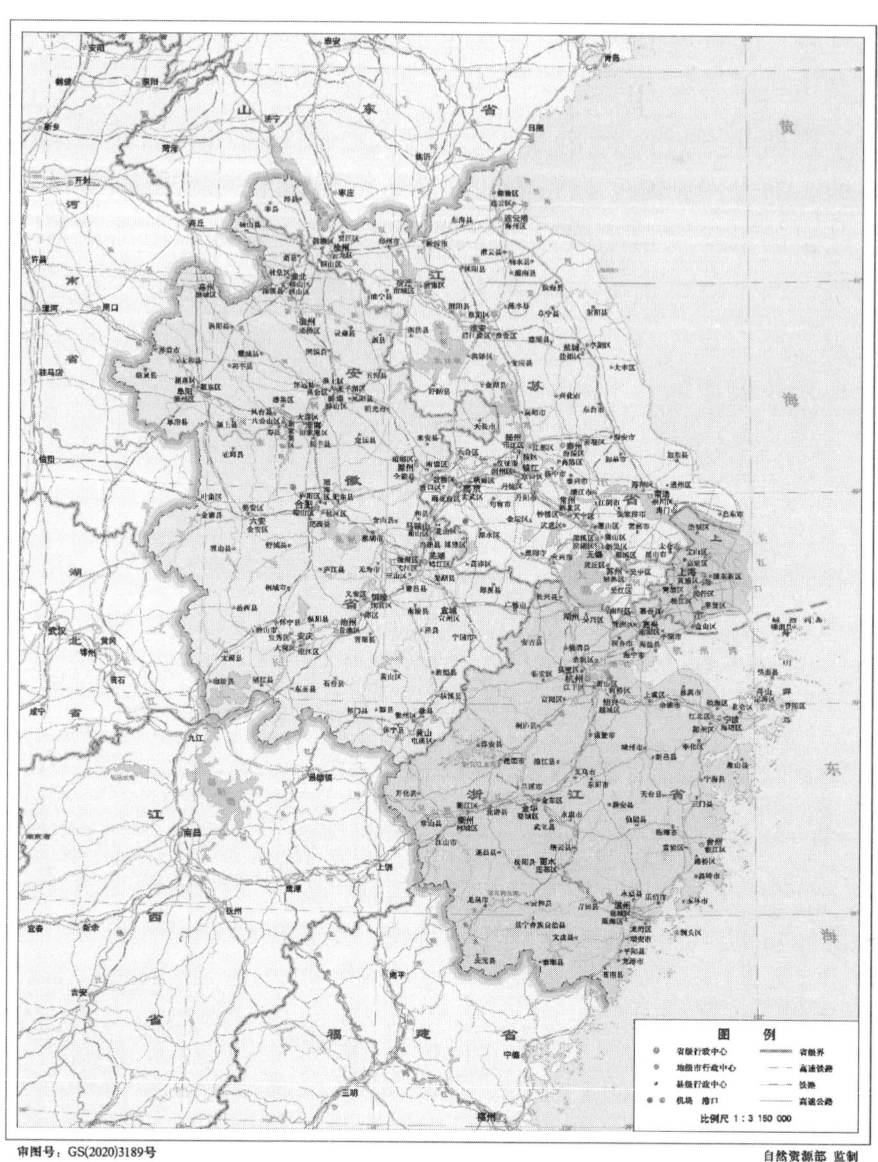

图 3－7 长江三角洲地区区域图

分析长三角地区航空和水运的发展情况，发现和路上交通类似，虽然上海依然是长三角地区的中心，但是其他城市的发展也非常良好。上海拥有浦东和虹桥两个国际机场，在 2016 年中国机场吞吐量的排名中，浦东机场依然稳居第二，虹桥则是排名前十位，上海的核心地位非常明显。不过杭州萧山机场和南京禄口机场也分别位居第十二、第十四，两个城市与上海的差距并不大。长三角地区的水运交通非常发达，有多个排名世界前列的港口，上海虽然是长三角的水运枢纽中心，但仅从吞吐量上来看，不仅相较于其他城市没有明显的优势，甚至都不是长三角地区的第一名。宁波舟山港近几年一直稳居港口吞吐量第一的位置，上海港虽然排名第二，却与之有不小的差距，苏州港作为一个内河港口在2016年的最新排名中跃居第三，此外，南通港和南京港两个内河港口也都是排名十几位的大港。

总体来看，长三角地区的交通网络发展更为完善和全面，上海处于其核心交通枢纽的位置，但是其他城市与上海的交通区位差距并不大，整个地区的交通枢纽体系呈现出多中心分布的空间形态，削弱了上海对周围区域的集聚效应。由于不同城市之间有发达的交通网络相连，便于厂商之间进行合作，实现产业协作和互补，因此上海还起到了很好的辐射带动作用，带动了周围区域经济的共同发展。

粤港澳大湾区区域图如图3－8所示，通过观察图中公路和铁路的分布可以发现，珠三角地区的交通枢纽体系呈现出广州和深圳的双中心现象，并无其他明显的交通枢纽副中心。珠三角地区是三个大的城市群中面积最小的地区，区域内城市的地理位置很接近，互相都有顺畅的交通连接，一般都有多条高速公路可以到达临近的城市，地区内部交通非常方便，甚至一些相邻城市的地铁可以直接连通，如东莞地铁就规划了多条线路对接深圳地铁，可以直接进行换乘。不过从泛珠三角的角度来看，珠三角地区与附近其他城市的交通连接状况不佳，其他城市的交通区位与珠三角城市相差甚远，甚至是同为经济特区的汕头，其交通枢纽发展水平也跟广州和深圳有很大的差距，其他城市之间的交通线路连接也只能保证相邻城市之间有高速公路，如果要去远一点的城市就不太方便。

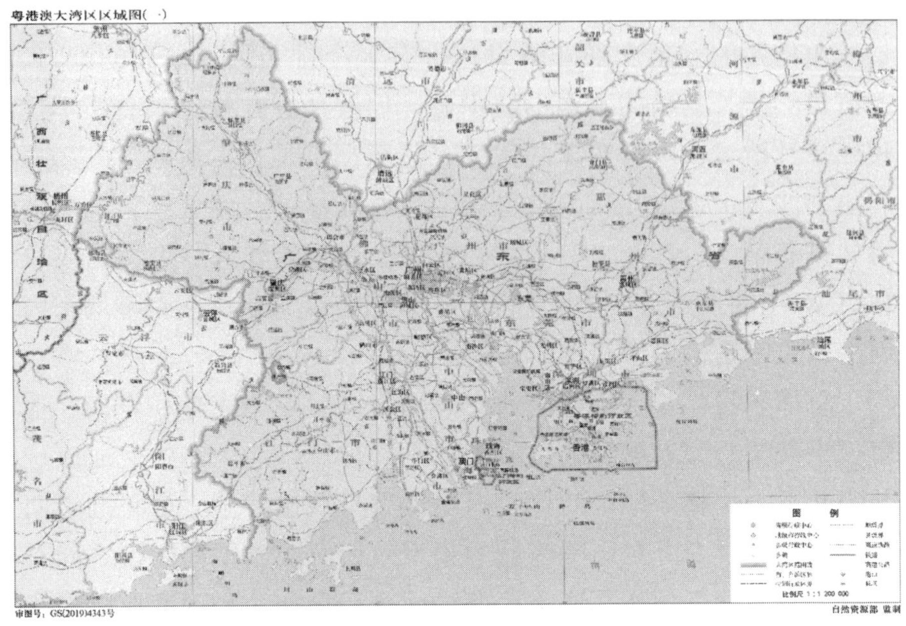

图 3-8 粤港澳大湾区区域图

分析珠三角地区航空和水运的发展情况，发现和路上交通类似，珠三角地区依然呈现双中心的情况，广州港的吞吐量排名珠三角的第一位，而深圳港虽然吞吐量不及广州港，但是深圳港的集装箱吞吐量却遥遥领先于广州港，排名位于珠三角地区的第一名，剩余港口发展较好的还有珠海港、中山港等。观察港口的空间分布可以发现，整个广东省发展较好的港口基本上都在珠三角区域，其余距离较远的港口基本上都发展得不是很好，只有湛江港发展成了较为重要的枢纽港。从航空来看，广州白云国际机场和深圳宝安国际机场依然是珠三角区域范围内最大的机场，从 2016 年的数据来看，白云机场的旅客吞吐量排名全国第三位，宝安机场排名第六位，两者差距不大，除这两者之外整个广东省旅客吞吐量最大的珠海机场已经是全国排名第40位左右，可以看到在航空运输中珠三角地区依然呈现出双中心的模式，而且两个中心机场相对于其他机场的优势更为明显。

总体来看，珠三角的交通网络发展呈现出明显的双中心模式，以广州和深圳为中心向外辐射到珠三角各个城市。珠三角地区的城市地理位置非常接近，都拥有不错的交通基础设施，相互之间的交通连接非常顺畅，交通区位条件也很好，但广东其他城市的交通运输发展明显滞后，交通地位与珠三角地区的城市有明显的差距。与珠三角地区交通枢纽的分布类似，珠三角地区的经济发展也呈现出广州、深圳双中心的局面，靠近这两个城市的东莞、佛山等珠三角其他城市经济发展良好，这两个城市展现出了非常好的正向空间溢出，甚至与周围一些城市产生了同城效应。不过一旦远离这两个城市，城市经济发展就会明显下滑，哪怕同为经济特区的汕头也不能避免，如果从珠三角地区整体来看，这个地区对广东其他地区产生了明显的负向空间溢出作用，拉大了相互之间的差距。

2. 京津冀地区、长三角地区和珠三角地区的交通枢纽体系分析结果

对比京津冀地区、长三角地区和珠三角地区的交通枢纽来看，3个地区都有其核心交通枢纽，不过中心的数量和规模各不相同，交通网络结构也不一样。京津冀地区呈现出双中心发展的态势，不过北京相较天津有很大的优势，京津之间的交通联系较为紧密，其他城市之间的交通联系不够紧密，京津与其他城市的交通枢纽发展水平也相差较大，类似于图3-9（a）的形态；长三角地区则形成了较为完善的交通枢纽体系，呈现以上海为中心，杭州、苏州、南京等多个副中心发展的态势，长三角地区其他城市之间的交通联系也非常紧密，类似于图3-9（b）的形态；

珠三角地区呈现出广州和深圳的双中心发展态势，而且广州和深圳的地位非常接近，珠三角地区内部有良好的交通网络，各个城市之间的交通连接非常顺畅，一些城市之间甚至可以直接使用地铁换乘，但是珠三角地区与周围其他城市的交通联系不够紧密，交通枢纽发展水平差距也很大，类似于图3－9（c）的形态。

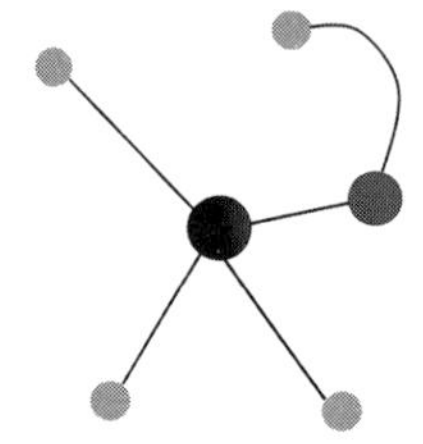
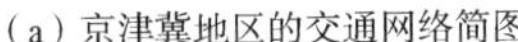
（a）京津冀地区的交通网络简图

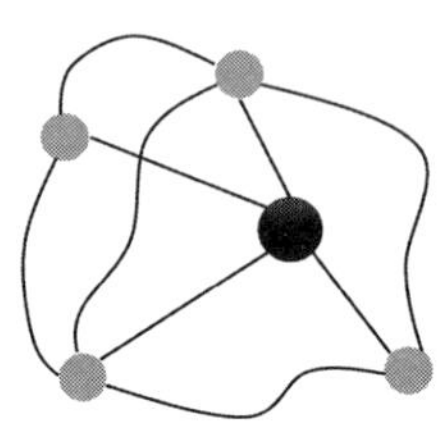
（b）长三角地区的交通网络简图

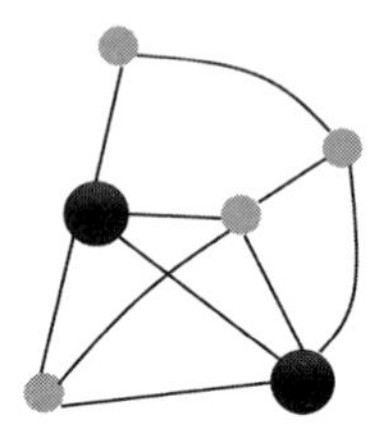
（c）珠三角地区的交通网络简图

图3－9　京津冀地区、长三角地区和珠三角地区的交通网络简图

不同的交通体系也让3个地区的核心交通枢纽产生了截然不同的空间溢出效应，上海辐射带动了周围区域的共同发展，北京则从周围区域集聚了各类资源，广州和深圳带动了珠三角地区城市的发展，却集聚了外部区域的资源。对比3个地区的交通枢纽体系和经济发展情况可以发现，如果要实现交通枢纽对周围区域经济发展的辐射带动作用，就需要有良好的交通联系，这种联系不仅仅是利用一条高速公路连接交通枢纽和周围的某个城市，而是将那个城市纳入整体交通网络进行考虑。不仅要用交通线路连接到交通枢纽，还要建立完善到区域内其他城市的交通连接，甚至要把那个城市当作交通枢纽的一个部分进行交通网络的规划和建设。如果只重视交通枢纽的建设，那么随着交通枢纽发展水平的逐渐提升，与周围城市的联系日益增强，其交通区位优势也会愈加明显，更容易吸引周围区域的劳动力、资本等各类资源进入交通枢纽，产生明显的集聚效应，拉大地区内的经济发展差距，影响区域经济一体化协调发展。

因此本书认为，从交通枢纽体系发展的角度出发，如果想要实现区域经济的一体化协调发展，京津冀地区应该向长三角地区和珠三角地区学习，可以通过建设市郊铁路、完善高速公路网络，加强京津以外城市的交通联系，拉近周围城市与北京之间的交通区位差距，提高其他城市的交通枢纽发展水平，努力建设发展其他的交通枢纽副中心，承接北京产业转移，通过交通运输的建设发展引导经济发展，实现区域内产业的协作和互补，最终实现京津冀一体化发展的目标。珠三角地区应该在现在的基础上注重与珠三角地区其他城市的交通连接，将广东省内更多城市囊括进自己的经济圈内，发挥广州和深圳对周围区域的辐射带动作用，增强与珠三角地区周围城市的交通和经济联系，实现共同协调发展。长三角地区则应该在现有基础上再接再厉，可以适当学习珠三角地区的做法，加强交通枢纽与临近城市的交通联系，如建设市郊铁路连接临近城市，实现临近城市地铁的接驳换乘等方式，将上海对于周围区域经济发展的辐射带动作用发挥到最佳，深化区域经济一体化发展。

虽然本书对于 3 个地区的交通枢纽体系发展提出了一些意见，但是这些意见实施起来并不是那么容易，不仅仅在于建设交通设施需要的大量资金上，还在于政策上的障碍，不同城市政府之间的合作问题。长三角地区从 21 世纪伊始，每年都会召集各个城市的市长参加协调会，讨论如何加强长三角地区各个城市之间的合作，打破诸多制度障碍才实现了现在区域内的协调发展。珠三角地区虽然没有这样的例行会议，但是几个城市的政府交流非常密切，东莞、佛山等城市一直致力于加强与深圳和广州的联系，进行交通规划时都会思考公路或地铁如何与这两个城市连接，这才实现了珠三角地区内部交通的顺畅连接。京津冀地区在这方面做得就不是很好，一直到京津冀一体化战略的提出，加强顶层设计，才在交通规划中考虑地区整体的联通，故需要进一步加强各个城市政府之间的交流，实现政策上的统一，减少交通规划中的冲突，把交通一体化作为先行领域，引领京津冀地区经济的一体化协调发展。

3. 其他地区交通枢纽的空间溢出效应现状

虽然京津冀地区比珠三角地区和长三角地区的交通枢纽体系有较大的差距，但是京津冀地区作为三个大的经济圈之一，交通枢纽体系的建设发展高过了中国的平均水平，中西部很多地区的交通网络结构相较京津冀地区还要更为失衡，区域内甚至连副中心都没有，其他城市与交通枢纽的发展差距非常明显，呈现出典型的单中心交通枢纽结构。这些交通枢纽往往是各个中西部省（自治区）的省会（首府）城市，一个城市的 GDP 可以占到全省的很大一部分，而且近年来这种情况在很多地区并未好转，甚至还愈加严重，见表 3－4。从表中可以看到排名靠前的都是中西部地区的省会（首府）城市，东部地区排名最高的广州市已经排在第 17 位，说明中西部这些省会（首府）城市对周围区域产生了显著的集聚效应，使得自身的经济发展远远超过了省（自治区）内其他城市，影响了区域经济的整体协调发展。中国所有省会（首府）中占全省（自治区）GDP 比重最高的是宁夏回族自治区首府银川市，在 2015 年其 GDP 已经超过宁夏回族自治区的一半，比 2010 年还增加了 4.4 个百分点，排名靠前的其他省会（首府）城市跟银川差不多。而且近几年这些省（自治区）得到集聚的情况不仅没有明显好转，不少排名前十的省会（首府）城市在近几年占全省（自治区）GDP 的比重甚至还在缓慢上升，如排在第十的兰州市占甘肃省 GDP 的比重超过了 30%，而在 2010 年兰州市也正好排在第十，不过那一年其 GDP 占比要低很多，只占全省的 26.7%，5 年时间增加了 4.2 个百分点。这说明中西部地区这些省会（首府）城市在近几年的发展过程中展现出了明显的负向空间溢出效应，吸引周围区域的资源进入。如果想要实现区域经济的协调发展，中西部地区就需要在未来的发展过程向东部地区学习，从京津冀地区、长三角地区和珠三角地区的经验与教训来看，中西部地区在构建现代化交通网络的过程中，需要注重交通枢纽体系结构的合理构建，升级单中心放射状的交通枢纽体系结构，加强核心枢纽以外城市的交通联系。

表3-4　省会（首府）城市2010年、2015年GDP占全省（自治区）的比重

序号	省（自治区）	省会（首府）	2015年GDP占比/%	2010年GDP占比/%
1	宁夏	银川	50.85	46.44
2	青海	西宁	46.82	46.52
3	吉林	长春	38.74	38.81
4	黑龙江	哈尔滨	38.13	35.82
5	西藏	拉萨	37.94	35.26
6	湖北	武汉	36.91	34.90
7	四川	成都	35.88	32.85
8	陕西	西安	31.97	32.35
9	海南	海口	31.36	28.78
10	甘肃	兰州	30.87	26.71
11	湖南	长沙	29.30	28.59
12	云南	昆明	28.94	29.37
13	新疆	乌鲁木齐	28.74	24.19
14	贵州	贵阳	27.53	24.42
15	安徽	合肥	25.72	22.04
16	辽宁	沈阳	25.33	27.45
17	广东	广州	24.86	23.32
18	江西	南昌	23.92	23.39
19	浙江	杭州	23.44	21.84
20	福建	福州	21.62	21.37

续表

序号	省（自治区）	省会（首府）	2015 年 GDP 占比/%	2010 年 GDP 占比/%
21	山西	太原	21. 37	19. 56
22	广西	南宁	20. 29	18. 95
23	河南	郑州	19. 77	17. 43
24	河北	石家庄	18. 25	16. 84
25	内蒙古	呼和浩特	17. 14	16. 01
26	江苏	南京	13. 86	12. 25
27	山东	济南	9. 68	9. 92

数据来源：作者根据统计局数据计算得到。

第三节　本 章 小 结

本章首先对中国交通枢纽的发展历程进行分析，通过将发展历程分为先秦时代、秦汉时代等 6 个阶段，发现中国交通枢纽在漫长的发展过程中呈现出以下特点：主导发展动力从地理条件和政治地位逐渐转变为交通条件和经济水平，从单一交通方式的交通枢纽到综合交通枢纽的转变，从点状发展逐渐升级到以点带面的网络发展。

在总结中国交通枢纽的发展特点之后，本书利用交通指标和经济指标对 2003—2014 年中国城市的交通枢纽等级进行测度，发现中国交通枢纽的分布存在显著的空间相关性，高等级的交通枢纽基本都集中于东部沿海地区，中西部地区的交通枢纽发展水平较差，不过近年来这种情况有所好转，中西部一些交通枢纽的发展水平提升很快，交通枢纽的空间分布逐渐平衡。

最后通过对比分析京津冀地区、长三角地区和珠三角地区的交通枢纽发展情况，对中国交通枢纽空间溢出效应的现状进行分析，发现交通枢纽体系的结构与经济集聚程度有显著的联系，只重视建设发展交通枢纽与周围城市的交通联系会导致各类资源向交通枢纽集聚，需要重视交通枢纽副中心的建设发展，以及加强其他城市之间的交通联系才能发挥出交通枢纽对区域经济的辐射带动作用。城市群可以通过建设内部的快速市域交通，如建设城际铁路，将不同城市的地铁进行连接接驳等方法，建设互联互通综合交通网络，利用交通一体化引领区域经济一体化的协调发展。

第四章

交通枢纽空间溢出效应的理论分析

第一节　交通枢纽空间溢出效应的作用机理

交通枢纽是交通网络的重要节点，是各类交通线路的转换衔接处，是构建综合交通运输体系的核心环节，对区域经济发展有重要的影响。通过前文对于中国交通枢纽发展历程及现状的分析，发现随着中国经济的不断发展，交通枢纽与区域经济发展之间的关系越来越紧密，交通枢纽对区域经济发展产生的影响也在日益扩大。但长期以来，由于中国的交通网络不能满足人民群众日益增长的交通需求，政府将建设重点放在了大容量的通道建设上面，没有对交通枢纽给予充分的重视，在建设交通网络时存在重线路建设、轻枢纽规划建设的误区。随着中国综合交通网络建设的不断深入，交通枢纽不能有效发挥对资源的整合作用，难以充分利用各类交通资源，对于交通网络效率的制约越来越明显。此外，以往的交通运输建设注重的是支持区域经济建设，推动产业集聚，这也导致了众多资源向交通枢纽集聚，拉大了区域经济发展的差距，在注重区域经济协调发展的新时期，有必要利用交通网络引导区域经济的平衡发展，发挥交通枢纽对经济发展的辐射带动作用。因此，本章将以集聚经济理论和经济地理理论的基本研究范式为基础，总结分析中国交通枢纽发展过程中表现出来的对区域经济发展的影响，理论梳理和模型阐释交通枢纽空间溢出效应的作用计量，探讨交通枢纽空间溢出效应的传导路径与动态变化趋势，从而为中国交通枢纽的建设提供一定的理论支持。

一、交通枢纽空间溢出效应总体作用机理构建

交通枢纽综合性能的改善可以提高交通网络效率、提升交通区位优势、改变区域空间形态，这 3 个方面相互要求，相互影响，从而对空间溢出效应产生直接的影响。此外，这 3 个方面的改变还会通过正反馈的机制产生集聚效应，通过负反馈的机制产生扩散效应，集聚效应和扩散效应都可以间接影响空间溢出效应，因此交通枢纽的直接效应和间接效应共同决定了其空间溢出效应。空间溢出效应同时体现在对周围区域经济产出和劳动生产率的影响上，周围区域经济的不断发展又对交通枢纽的综合性能提出了新的要求，这种引致需求又会导致交通枢纽性能的继续改进，因此可以构建图 4 – 1 所示的作用机理，接下来对交通枢纽空间溢出效应的作用机理进行详细说明。

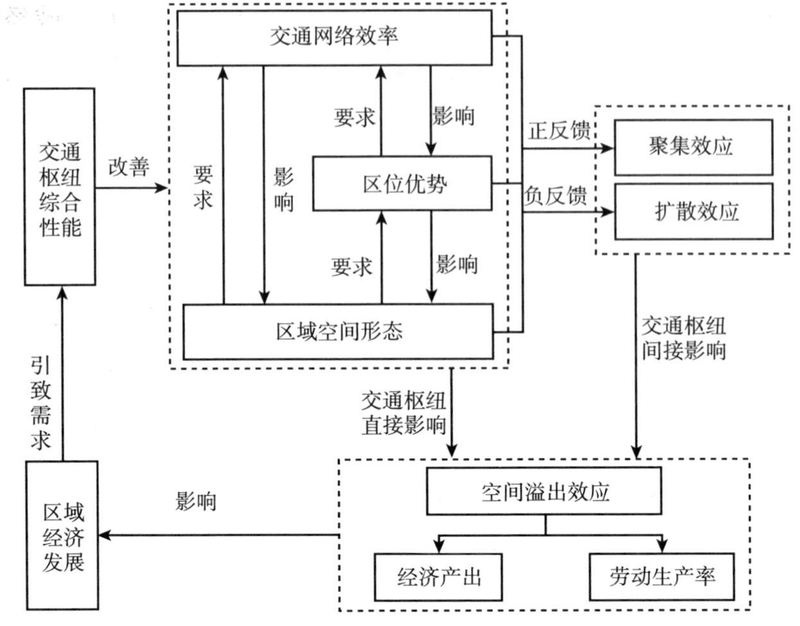

图 4－1 交通枢纽空间溢出效应的作用机理

1. 交通枢纽综合性能改善

交通枢纽是交通网络相互联系的中心环节，可以实现大量旅客和货物中转换乘的交通线路交汇，为所在城市和周围区域的经济发展与居民生活提供客货运输服务，其综合性能包括运输组织功能、中转换乘功能、吸引疏散功能、经济发展功能、辐射带动功能等。交通枢纽综合性能改善可以从以下 3 个方面影响区域经济发展。

（1）提高交通网络的运营效率和资源利用效率，充分发挥交通运输的网络经济特性。从交通网络的角度，交通枢纽可以从两方面提高效率，一是可以增加线路通过密度，二是可以提高运载工具实载率，这两方面最终将提高交通网络的运营效率，降低运营成本。在运输经济学研究和运输行业的实际工作经验中都已经证明，运输组织模式采用“轴幅中转”模式，在很多时候比“点对点直达”的方式更节约成本，是一种更具有效率的运输产品提供模式，而交通枢纽正是支撑“轴幅中转”运输组织模式的关键因素，发展交通枢纽可以提高交通网络效率，从而影响区域经济发展。

（2）提升所在区域的交通区位优势，提高城市的经济活动效率。交通枢纽是交通网络与社会生活、经济生产的重要结合点，交通枢纽通过对外部资源的整合利用，对延伸功能的开发，可以大大增加对人流、物流、信息流及相关经济活动的集聚力量，促使交通区位与商业区位、居住区位等经济区位紧密耦合，进一步增强交通枢纽的区位优势。伴随枢纽对外部资源的整合、综合功能的开发，枢纽及其所在区域不仅满足大量多样的交通运输需求，还能满足其他的经济社会发展需求，从而有效提高经济活动效率，促进经济社会发展。

（3）改变区域空间形态演化发展，影响区域经济发展。随着现代交通工具的不断升级换代，交通枢纽到达周围区域的时间越来越短，交通成本越来越低，一些相邻城市甚至进入了同城发展阶段，区域空间形态产生了明显的改变。交通枢纽可以通过串联起周围区域，将整个区域的资源紧密结合起来，对周围区域经济发展的影响日益增大，不过有时候因为不合理的区域空间结构和产业机构，会导致交通枢纽吸引周围区域过多的资源，造成交通枢纽与周围城市经济发展差距的扩大。

2. 交通枢纽 3 个方面之间的关系

交通枢纽不仅可以通过交通网络效率、区位优势、区域空间形态来影响区域经济发展，这 3 个方面还会相互影响、相互要求。

（1）随着交通网络效率的提高，交通枢纽去往周围区域越来越方便，相应的其区位优势也会逐渐增加，区位优势的提高又会吸引新的人流、物流等，原有的交通网络可能不足以满足新增的客货运输需求，从而对交通网络效率提出更高的要求。

（2）交通网络效率的提高会使得不同城市之间的交通时间和交通成本下降，从而影响区域的空间形态，当然区域内空间形态的变化，如由于经济特区增加了一个新的沿海港口枢纽城市，必然也会对交通网络提出要求，交通网络需要适应空间形态的改变，并且提高交通网络的效率。

（3）区位优势的增加会影响区域空间形态，中国不少城市就是因为铁路、公路的修建而兴起，甚至成为区域内最重要的城市，同样的，空间形态的改变也会对区位优势提出新的要求，如果不能满足的话，就会有其他的交通枢纽取而代之。

交通枢纽通过交通网络效率、区位优势、区域空间形态 3 个方面的相互影响、相互要求，一方面会对空间溢出效应产生直接影响，另一方面会通过影响集聚效应和扩散效应从而间接影响空间溢出效应，最终直接影响和间接影响共同决定了交通枢纽的空间溢出效应。

对空间溢出效应的直接影响主要由以下三部分构成：第一，交通网络效率的提高会减少交通枢纽去往其他区域的交通成本，在交通枢纽进行生产的厂商可以将自己的商品销往更为遥远的地区，居住在交通枢纽的人也可以更方便地往返外地，因此交通枢纽对周围区域经济发展影响的大小和范围都会增加，从而影响空间溢出效应；第二，区位优势的提升会增加对人流、物流、信息流及相关经济活动的集聚力量，促使交通区位与商业区位、居住区位等经济区位紧密耦合，从而对更远范围内的经济活动产生更大的影响，进而影响空间溢出效应；第三，空间形态的改变会直接影响交通枢纽与周围区域之间的关系，改变区域内各个城市之间的空间联系和经济联系，可能使交通枢纽对周围区域的影响更大，也有可能塑造出新的交通枢纽，削弱原有交通枢纽的空间溢出效应。最终交通网络效率、区位优势、区域空间形态会共同决定对空间溢出效应的直接影响。

对空间溢出效应的间接影响则主要由两部分构成：第一，通过正反馈引起集聚效应，随着交通枢纽综合性能的不断改善，会吸引越来越多的厂商和劳动力进入交通枢纽，不断增加的经济活动会产生集聚效应，提高劳动生产率，而劳动生产率的提高又会给厂商带来更高的利润，给劳动力带来更多的收入，进而吸引更多的厂商和劳动力进入交通枢纽，这些新进入的厂商和劳动力又会提高集聚经济效益，形成正反馈；第二，通过负反馈引起扩散效应，随着厂商和劳动力不断进入交通枢纽，交通枢纽的人口总数和密度都会不断提高，即使交通枢纽会不断地扩大规模，其土地成本依然会不断增加，而且当人口数量达到一定程度时，交通拥堵、基础设施供给不足、自然资源供给不足等情况就会出现，这些情况都会提高厂商的生产成本和劳动力的生活成本，促使一部分厂商和劳动力离开交通枢纽去往周围区域，形成负反馈。集聚效应和扩散效应最终会共同决定对空间溢出效应的间接影响。

交通枢纽对周围区域经济发展的空间溢出效应体现在很多方面，包括经济产出、劳动生产率、产业结构、投资、消费、财政支出、收入差距等。本书主要考虑对周围区域经济产出和劳动生产率的影响，从总量和质量两方面考察空间溢出效应，正的空间溢出效应会提高周围区域的经济产出和劳动生产率，负的空间溢出效应会降低周围区域的经济产出和劳动生产率。通过空间溢出效应，交通枢纽对周围区域的经济发展产生了影响，而周围区域经济的不断发展又对交通枢纽的综合性能提出了新的要求，这种引致需求又会导致交通枢纽性能的继续改进，不断影响其空间溢出效应。

此外，在对交通枢纽空间溢出效应作用机理的梳理分析过程中，本书还发现交通枢纽对区域经济发展的影响有自我强化的机制。具体来看，交通枢纽综合性能的改善能够改变区域空间的形态，从而对空间溢出效应产生直接效应，同时又影响了交通枢纽的集聚经济效益，从而间接对空间溢出效应产生影响，而空间溢出效应也会对区域空间形态产生逆反馈，不断地强化对交通枢纽综合性能的要求，迫使交通枢纽不断改善自身的综合性能，形成交通枢纽空间溢出效应的强化机制，如图 4－2 所示。

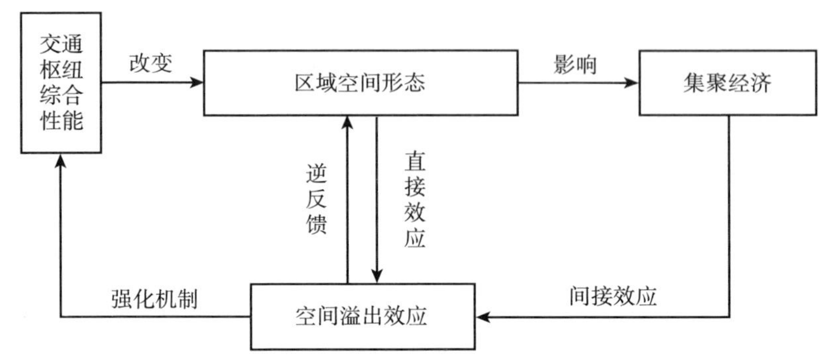

图 4－2　交通枢纽空间溢出效应的强化机制

为了进一步研究交通枢纽的空间溢出效应，需要在上面分析的基础上，构建适当的数理模型，从错综复杂的真实世界中将交通枢纽的主要影响因素和次要影响因素区分开，从而细致地阐释交通枢纽空间溢出效应的作用机理。

二、交通枢纽空间溢出效应作用机理模型阐释

本书在 Fujita 等构建的城市体系空间模型的基础上进行改进，构造一个简单的交通枢纽空间模型，这个从现实世界中抽象简化出来的模型不仅可以研究交通枢纽对厂商和劳动力的影响，还可以为随后更为细致完善的分析提供基础。

1. 交通枢纽对城市形成的影响

首先假设有一个经济体，该经济体的人口和经济活动都分布在一条线上，这条线在 A 点出现了分支，这个 A 点就相当于是一个简单的交通枢纽，这种简单的假设类似于现实世界中由两条支流汇集成一条河流的河谷地区，或者某条公路或铁路上的岔道附

近，因此这种假设的情况还是比较常见的。两条分支一直延续到点 B_1 和 B_2，点 B_1 和 B_2 到点 O 的距离都等于 S（假设已经有一个城市坐落于 O 点），从 O 点到 A 点的距离为 a，如图 4－3 所示，下面将分析如果人口增加，新的城市会在何处出现。

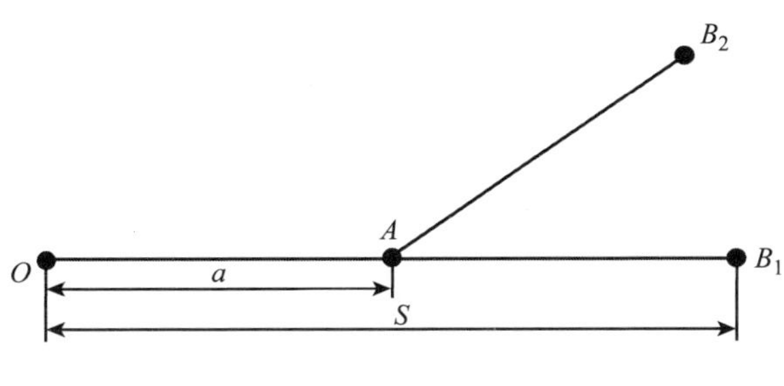

图 4－3　模型示意图

在这个模型中，假设经济体只生产农产品和工业品，其中农业在空间中均匀分布，而制造业的位置是可以变化的，制造业部门中包括很多产品，这些产品在行业中的地位类似，没有任何一种产品在制造业的产出中占据重要位置，忽略市场结构、产品价格等因素对于需求的影响，假定每种商品的人均消费量都是一个固定值，如假设都是 1。同时，假定每种商品都是由一个垄断厂商生产，这个垄断厂商就会选择建立工厂的数量和位置，使得生产和运输的总成本最小化。

假设厂商每增加一个工厂，会导致固定成本增加 F，生产的边际成本为常数 c，单位商品单位距离的运输成本为 τ，这些成本的单位已经进行标准化处理，可以直接相加，农业人口的密度为 d。若新增加工厂的位置位于 B，假设点 B 到点 O 的距离为 s，这个位置可以在 O 到 B_1 或 O 到 B_2 的任何一处，如图 4－4 所示。工厂位置需要满足生产和运输的总成本最小，由于固定成本和边际成本都是固定的，因此寻找运输成本最小的地方即可。

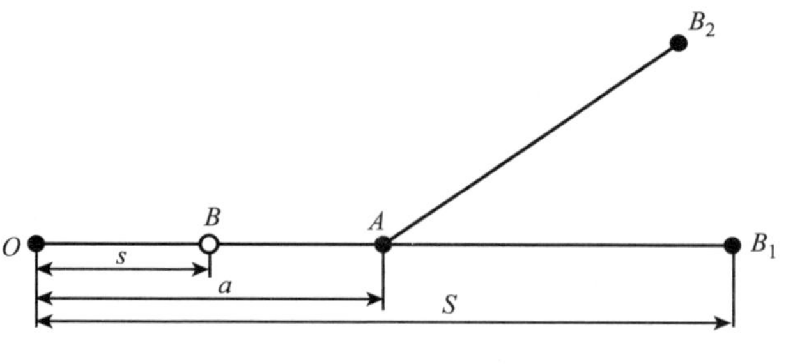

图 4－4　新增工厂的位置变化

当 B 在 O 到 A 之间时，工厂左边的农民数量为 sd，有一半的农民还是由 O 点的原工厂继续供给，剩下的 $sd/2$ 农民由新工厂供给，他们距离新工厂的平均距离为 $s/4$，这一段农民的运输成本将为 $\tau ds^2/4$ 。在工厂右侧农民的需求将全部由新工厂供给，右侧的农民可以分为两部分，一部分是从 B 到 A 再到 B_2 点的农民，另一部分是从 A 到 B_1 点的农民，前一部分农民距离新工厂的平均距离为 $(S-s)/2$ ，这一段农民的运输成本将为 $\tau d(S-s)^2/2$ ，后一部分农民距离新工厂的平均距离为 $(S-a)/2+a-s$，这一段农民的运输成本将为 $\tau d(S-a)(\frac{S-a}{2}+a-s)$ ，此时企业的运输成本（transport cost）可以表达成：

$$C_t = \tau d[\frac{s^2}{4} + \frac{(S-s)^2}{2} + (S-a)(\frac{S-a}{2}+a-s)] \tag{4-1}$$

此时运输成本的导数为：

$$\frac{\partial C_t}{\partial s} = \tau d(\frac{3s}{2} - 2S + a) \tag{4-2}$$

由于 $s \leqslant a < S$ ，因此当 $a < 4s/5$ 时，这个导数将一直为负数，意味着原函数将是单调递减的，即当分支点与城市的距离小于城市到边界距离的 4/5 时，在分支点建立工厂将使得成本最小

化，如果分支点离城市边界非常近，那么工厂将建立在距离 O 点 $(4S-2a)/3$ 的地方。如果假设 $S=1$，那么新建工厂的位置与分支点的位置的关系如图 4－5 所示，在前 4/5 的位置时，工厂会新建在分支点上，至后 1/5 的位置上时，会随着分支点远离原来的城市，反而慢慢靠近新的城市。如果分支点落在任何一点的概率是一样的，那么工厂将有 80% 的可能性落在分支点，即在交通枢纽建厂，只有在分支点离原城市非常远的时候，才会选择其他地方建设工厂，随着各个厂商不断在分支点建厂，这个分支点就会慢慢发展成为城市。

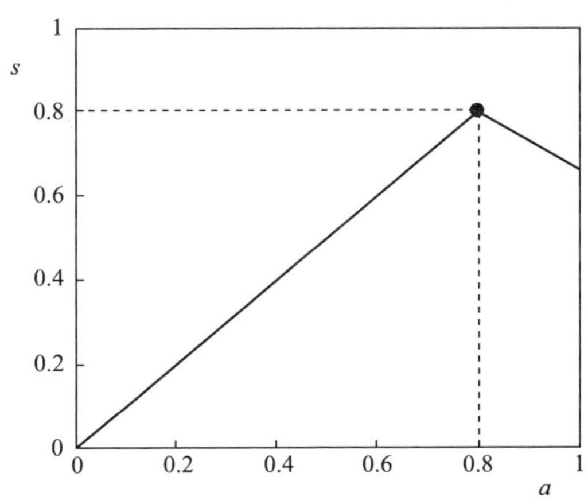

图 4－5　分支点位置与工厂位置

当 B 点变动到某一条分支上时，如在上面一条分支，同上一种情况一样，此时左侧农民的运输成本依然为 $\tau ds^2/4$，这一条分支右侧农民的运输成本则为 $\tau d(S-s)^2/2$，另一条分支上农民距离 s 的距离为 $(S-a)/2+s-a$，这一段农民的运输成本将为 $\tau d(S-a)(\frac{S-a}{2}+s-a)$，此时企业的运输成本为：

$$C_t = \tau d[\frac{s^2}{4} + \frac{(S-s)^2}{2} + (S-a)(\frac{S-a}{2} + s - a)] \tag{4-3}$$

此时运输成本的导数为：

$$\frac{\partial C_t}{\partial s} = \tau d(\frac{3s}{2} - a) \tag{4-4}$$

由于此时 $s > a$，所以导数一直为正数，运输成本随着离分支点距离的增加而越来越大，因此不应该把新工厂建设在分支上。综合前一种情况考虑，发现厂商会以大概率将新工厂建立在分支点附近，即交通枢纽相对于其他地区有得天独厚的区位优势。

目前我们只是利用一个 Y 形的模型解释了为什么很多交通枢纽会发展成为城市，这个模型还可以扩展成有 n 个分支的星型结构，如图 4-6 所示，此时每个分支都一直延续到点 B_x（$1 \leqslant x \leqslant n$；$x$ 为整数），任一点 B_x 到点 A 的距离都等于 S，同样假设已经有一个城市坐落于 O 点，厂商要选择一个地点 B 来建立新的工厂，同样的分两种情况考虑，一种是新建工厂 B 在 O 到 A 之间，另一种是在某一条分支上。

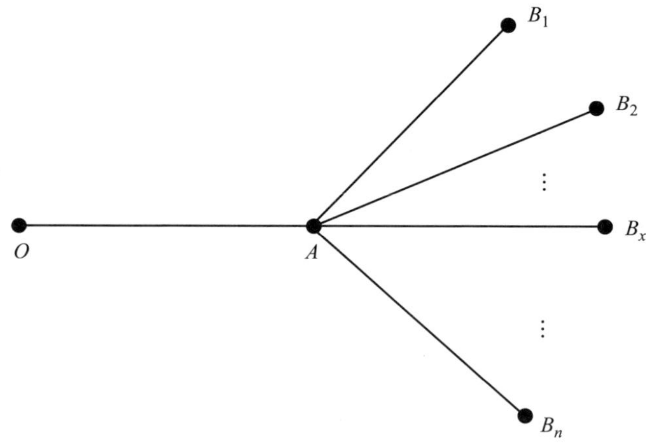

图 4-6 多分支的交通枢纽

当新建工厂 B 在 O 到 A 之间时，工厂左侧农民的运输成本仍将是 $\tau ds^2/4$，在工厂右侧农民的需求将全部由新工厂供给，右侧的农民可以分为两部分，一部分是从 B 到 A 再到某一条分支的农民，另一部分其余 $n-1$ 条分支上从 A 到 B 点的农民，前一部分的运输成本仍将是 $\tau d(S-s)^2/2$，由于共有 n 条分支，后一部分农民的运输成本将为 $\tau d(n-1)(S-a)(\frac{S-a}{2}+a-s)$，此时企业的运输成本为：

$$C_t = \tau d[\frac{s^2}{4} + \frac{(S-s)^2}{2} + (n-1)(S-a)(\frac{S-a}{2} + a - s)] \tag{4-5}$$

此时运输成本的导数为：

$$\frac{\partial C_t}{\partial s} = \tau d[\frac{3s}{2} - nS + (n-1)a] \tag{4-6}$$

同样的，因为 $s \leqslant a < S$，因此 $a < 2ns/(2n+1)$ 时，这个导数将一直为负数，只要满足这个条件，新的工厂就应该建在分支点。与前面只有两个分支的 Y 形模型相比，此时分支点离原城市的边界距离将更远，可以说随着分支数量的增加，交通枢纽的区位优势愈发明显。

当 B 点变动到某一条分支上时，同上一种情况一样，此时左侧农民的运输成本依然为 $\tau ds^2/4$，这一条分支右侧农民的运输成本则为 $\tau d(S-s)^2/2$，另外 $n-1$ 条分支上农民的运输成本将为 $\tau d(n-1)(S-a)(\frac{S-a}{2}+s-a)$，此时企业的运输成本为

$$C_t = \tau d[\frac{s^2}{4} + \frac{(S-s)^2}{2} + (n-1)(S-a)(\frac{S-a}{2} + s - a)] \tag{4-7}$$

此时运输成本的导数为：

$$\frac{\partial C_t}{\partial s} = \tau d\left[\frac{3s}{2} + (n-2)S - (n-1)a\right] \tag{4-8}$$

同样的，由于 $s>a$，所以导数也将一直为正数，因此也一样不应该把新工厂建设在分支上。这一节的模型简单地解释了本文开头提到的为什么世界上许多城市都位于河流、湖海等位置，经过几百年的发展，其中一些交通枢纽已经发展成了世界上有名的大城市。不过这一节只考虑了成本对企业选址的影响，接下来将逐渐放宽一些假设，从市场潜能角度进行更为详细的分析。

2. 交通枢纽对市场潜能的影响

市场潜能（market potential）是指在某一特定时期和特定条件下，市场对某一产品的最大需求量。由于在其他条件类似的情况下，厂商会喜欢靠近消费者的地方，因为这样可以靠近更大的市场，同时降低自己的运输成本。因此多年来不少经济学家利用市场潜能来分析不同地区的区位优势，预测厂商及城市的选址和发展问题，新经济地理学理论中还构建了关于市场潜能的模型，用以探讨市场潜能与区域经济发展之间的关系。潘文卿[179]就发现中国的各个省份市场潜能的增长，可以提高人均 GDP，而且市场潜能具有明显的空间溢出效应。赵增耀和夏斌[180]研究中国省级数据还发现，市场潜能会对工业集聚产生影响，总体上国内的市场潜能和工业集聚之间呈现 U 形关系，只有国内市场潜能跨越特定门槛值时，工业集聚效应才能逐步实现。因此本书使用市场潜能来分析交通枢纽的区位优势问题，进而探讨交通枢纽对区域经济发展的影响。Harris[181]对市场潜能做了开创性的研究，他试图使用市场潜能来解释美国制造业的区位问题，他使用了多种方法来衡量市场潜能，其中有一种衡量方法被以后的学者所广泛使用，使用所有其他地区 s 的购买力加权平均数来衡量某地 x 的市

场潜能，为

$$M_x = \sum_s \frac{1}{D_{xs}} P_s \qquad (4-9)$$

式中：D_{xs} ——地区 x 到地区 s 的距离；

P_s ——地区 s 的购买力。

Harris 在研究中发现，美国工业化程度高的地方，市场潜能也会越高，事实上，在当时的美国，大部分人口和生产活动都集中在制造业发达的地区，因此在这些地区的确会更接近市场，拥有更高的市场潜能，他最后得出结论认为，生产集聚具有自我强化的特性。Fujita 等提出了一种更为一般化的市场潜能函数为

$$\Omega(r) \equiv \frac{[w^{\mathrm{m}}(x)]^{\sigma}}{[w^{\mathrm{a}}(x)]^{\sigma}} \qquad (4-10)$$

式中：$w^{\mathrm{a}}(x)$，$w^{\mathrm{m}}(x)$ ——地区 x 的农业生产者和制造业工人的实际工资率，σ 是固定的系数，且满足 $\sigma \geq 1$。

此外，本模型中出现的所有函数都认为是连续的，如前面出现的 $w^{\mathrm{m}}(x)$。

下面我们要利用式（4－10）计算交通枢纽对市场潜能的影响，首先依旧假设有个 Y 形地区，大部分假设和上一节一样，不过在这一节农民不是均匀地分布在所有地区进行农业活动，而是从城市 O 出发，逐渐延伸，并且假设城市向两端分布的界限距离为 f，具体如图 4－7 所示。在这里假设农产品使用的两种生产要素——劳动力和土地，投入比例是固定的，生产 1 单位农产品需要投入 c^{a} 单位劳动力和 1 单位土地，工业产品和上一节的假设一样，运输成本则不再像上一节那样与距离成正比，假设运输距离为 d，那么运输 1 单位产品最终到达目的地的只有 $\mathrm{e}^{-\tau^{\mathrm{a}}d}$（$\mathrm{e}^{-\tau^{\mathrm{m}}d}$）单位的产品，此外，本模型中出现的所有函数都认为是连续的，如前面出现的 $w^{\mathrm{m}}(x)$。

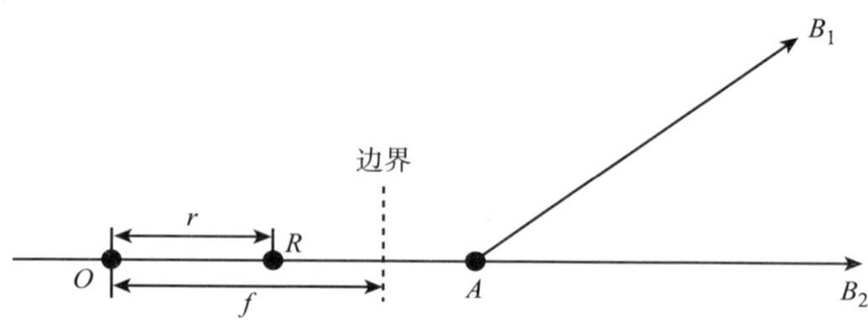

图4－7　新的交通枢纽区位情况

首先使用 $p^{a}(r)$ 表示点 R 处的农产品价格，当 $r=0$ 时，令 $p^{a} \equiv p^{a}(0)$，用来表示城市中的农产品价格，由于农产品有运输成本存在，因此离城市越远的地方农产品的价格也应该越低，使得农产品运到城市以后价格相等，因此 $p^{a}(r)$ 可以写成：

$$p^{a}(r) = p^{a}e^{-\tau^{m}r} \tag{4-11}$$

使用 $w^{a}(r)$ 表示距离城市 r 处的农业劳动工资率，由于地租都假设为零，那么单位土地产值将等于劳动力的工资，即

$$p^{a}(r) - c^{a}w^{a}(r) = p^{a}e^{-\tau^{m}r} - c^{a}w^{a}(r) = 0 \tag{4-12}$$

假设农民耕种土地离城市最远的距离为 f，那么在边界 f 处，地租应该为零，因此可以得到

$$w^{a}(r) = \frac{p^{a}e^{-\tau^{a}r}}{c^{a}} \tag{4-13}$$

接着考虑制造业部门，假设城市中有 L^{m} 个工人，那么城市收入等于工人的总工资为 $L^{m}w^{m}$，如果制造业只发生在城市中，考虑到制造业的运输成本，制造业商品应该是离城市越远，其价格越高，因此价格指数 $G(r)$ 可以表示为

$$G(r) = \left(\frac{L^{m}}{\mu}\right)^{\frac{1}{(1-\sigma)}} e^{\tau^{m}r} \tag{4-14}$$

其中 μ 是消费的工业品占收入的比重，因此农民的实际工资为

$$\omega^{a}(r) = w^{a}(r)G(r)^{-\mu}p^{a}(r)^{-(1-\mu)} = \frac{1}{c^{A}}(p^{a})^{\mu}G^{-\mu}e^{-\mu(\tau^{m}+\tau^{a})r} \tag{4-15}$$

而城市中工人的实际工资为

$$w^{m} = G^{-\mu}(p^{a})^{\mu-1} \tag{4-16}$$

由于农民和城市中的工人的实际工资相等，因此可以得到：

$$p^{a} = c^{a}e^{\mu(\tau^{a}+\tau^{m})r} \tag{4-17}$$

如果用 $w^{a}(r)$ 和 $w^{m}(r)$ 分别表示距离城市为 r 的农业生产者和制造业工人的名义工资，那么式（4－10）还可以改写成：

$$\Omega(r) = \frac{[w^{m}(r)]^{\sigma}}{[w^{a}(r)]^{\sigma}} = [w^{m}(r)]^{\sigma}e^{\sigma[(1-\mu)\tau^{a}-\mu\tau^{m}]|r|} \tag{4-18}$$

针对图4－7，假设城市的边缘距离为 f，当 $f>a$ 时，城市的边界就会超过分支点，否则城市的边界就无法达到分支点，然后将从城市延伸出来的某一条分支定义为基线，从分支点出来的另一条则为分支，那么基线上的农业耕地一直等于 $2f$，分支上的耕作区则与 f 有关，引入一个新的变量 δ，则有

$$\delta = \begin{cases} 0 & f \leqslant a \\ 1 & f > a \end{cases} \tag{4-19}$$

这是因为每个地区的价格指数是一样的，所以实际工资之比等于名义工资之比，此时工资方程可以写成

$$[w^{m}(r)]^{\sigma} = L^{m}w(0)e^{-(\sigma-1)\tau^{m}|r|}G(0)^{\sigma-1} + \int_{-f}^{f}p^{a}(s)e^{-(\sigma-1)\tau^{m}|r-s|}G(s)^{\sigma-1}ds +$$

$$\delta k\int_a^f p^a(s)\mathrm{e}^{-(\sigma-1)\tau^m d(r,s)}G(s)^{\sigma-1}\mathrm{d}s \tag{4-20}$$

其中 $d(r,s)$ 表示制造业厂商与不在基线上的农民之间的距离，它可以表述为

$$d(r,s)=\begin{cases}s-r & r\leqslant a\\(r-b)+(s-b) & r>a\end{cases} \tag{4-21}$$

然后将式（4－11）和式（4－14）代入到式（4－21）中，通过整理可以得到

$$[w^m(r)]^\sigma=\mu\mathrm{e}^{-(\sigma-1)\tau^m|r|}+\left(\frac{\mu p^a}{L^M}\right)\left[2\int_0^f\mathrm{e}^{-\tau^a s}\mathrm{e}^{-(\sigma-1)\tau^m[s-|r-s|]}\mathrm{d}s+\right.$$
$$\left.\delta k\int_b^f\mathrm{e}^{-\tau^a s}\mathrm{e}^{-(\sigma-1)\tau^m[s-d(r,s)]}\mathrm{d}s\right] \tag{4-22}$$

在这里定义 $A(f)$ 代表提供给城市的农产品，那么

$$A(f)\equiv 2\int_0^f\mathrm{e}^{-\tau^a s}\mathrm{d}s+\delta k\int_b^f\mathrm{e}^{-\tau^a s}\mathrm{d}s \tag{4-23}$$

代入到式（4－22）中，可以将其改写为

$$[w^M(r)]^\sigma=\mu\mathrm{e}^{-(\sigma-1)\tau^m|r|}+\frac{1-\mu}{A(f)}\left[2\int_0^f\mathrm{e}^{-\tau^a s}\mathrm{e}^{-(\sigma-1)\tau^m[s-|r-s|]}\mathrm{d}s+\right.$$
$$\left.\delta k\int_b^f\mathrm{e}^{-\tau^a s}\mathrm{e}^{-(\sigma-1)\tau^m[s-d(r,s)]}\mathrm{d}s\right] \tag{4-24}$$

最后将式（4－24）代入式（4－18）中，就可以得到市场潜能的完整表达为

$$\Omega(r)=\mathrm{e}^{\sigma[(1-\mu)\tau^a-\mu\tau^m]|r|}\left\{\mu\mathrm{e}^{-(\sigma-1)\tau^m|r|}+\frac{1-\mu}{A(f)}\left[2\int_0^f\mathrm{e}^{-\tau^a s}\mathrm{e}^{-(\sigma-1)\tau^m[s-|r-s|]}\mathrm{d}s+\right.\right.$$
$$\left.\left.\delta k\int_b^f\mathrm{e}^{-\tau^a s}\mathrm{e}^{-(\sigma-1)\tau^m[s-d(r,s)]}\mathrm{d}s\right]\right\} \tag{4-25}$$

为了考察交通枢纽对于市场潜能的影响，将市场潜能函数以分支点为基准，将其左右两侧分为两个部分，可以得到：

$$\Omega(r) = \begin{cases} \Omega_1(r) & r \leqslant a \\ \Omega_2(r) & r > a \end{cases} \tag{4-26}$$

因此当 $0 \leqslant r \leqslant a$ 时，有

$$\Omega_1(r) = \mathrm{e}^{\sigma[(1-\mu)\tau^{a}-\mu\tau^{m}]r}\left\{\left[\frac{1+\mu}{2} - \frac{(1-\mu)\varphi(f)}{2}\right]\mathrm{e}^{-(\sigma-1)\tau^{m}r} + \psi(r,f)\left(\frac{1-\mu}{2}\right)\mathrm{e}^{(\sigma-1)\tau^{m}r}\right\} \tag{4-27}$$

当 $r \geqslant a$ 时，有

$$\Omega_2(r) = \mathrm{e}^{\sigma[(1-\mu)\tau^{a}-\mu\tau^{m}]r}\left\{\left[\frac{1+\mu}{2} - \frac{(1-\mu)\varphi(f)}{2}\right]\mathrm{e}^{-(\sigma-1)\tau^{m}r} + \psi(r,f)\left(\frac{1-\mu}{2}\right)\mathrm{e}^{(\sigma-1)\tau^{m}r} - (1-\mu)\varphi(f)\mathrm{e}^{(\sigma-1)\tau^{m}r}\left[1 - \mathrm{e}^{-2(\sigma-1)\tau^{m}(r-a)}\right]\right\} \tag{4-28}$$

其中：

$$\varphi(f) = \delta k\int_{b}^{f}\mathrm{e}^{-\tau^{a}s}\mathrm{d}s/A(f) \tag{4-29}$$

$$\psi(r,f) = 1 + \varphi(f) - 2\int_{0}^{r}\mathrm{e}^{-\tau^{a}s}\left[1 - \mathrm{e}^{-2(\sigma-1)\tau^{m}(r-s)}\right]\mathrm{d}s/A(f) \tag{4-30}$$

这里的 $\varphi(f)$ 表示非基线分支上的农民提供给城市的农产品在所有农产品供给中所占的份额。当 $f < b$ 时，城市的边界还没到达分支点，那么此时和普通的单中心城市是等同的，本书着重考虑的是当 $f > b$ 时的情况，在此时城市的边界将会越过分支点，通过

观察此时市场函数的极值点，就可以知道厂商会倾向于在何处建立新的工厂。当 $r = a$ 时进行求导，可以得到

$$\Omega'_1(a) - \Omega'_2(a) = \varphi(f)2(1-\mu)(\sigma-1)\tau^M e^{(\sigma-1)\tau^M a} e^{\sigma[(1-\mu)\tau^A-\mu\tau^M]a} > 0 \tag{4-31}$$

观察式（4－31）可以发现，市场潜能函数在分支点处是不连续的，即分支点处应该是一个极值点，由于 $\varphi(f)$ 随着 k 的增加会增加，所以和上一节的结论一样，当分支增多，分支点的吸引力也会增大，具体的空间演化模式则可以分为下面的三种情况。

（1）第一种情形是分支点相比于临界距离 f 要小得多，此时新的城市会在离分支点较远的 r_1 处出现，分支点将无法发展成为一个新的城市，因为它离原有的城市太近，始终会处于现有城市的影响之下。如图 4－8 所示，图中的曲线是市场潜能函数的曲线，虽然靠近分支点时市场潜能会有所增加，但是依然小于原城市或远离城市的极值点，因此厂商不会选择在分支点建立工厂，也就无法形成新的城市。此时在分支上会产生新的城市，而且新增城市的具体数量会随着分支数量的增加而提高，虽然分支点处不会产生新的城市，但是原有城市会利用分支点通往各个分支的枢纽作用继续成长，相比于周围分支上的城市，原有城市会最终成长为区域内的主要城市。这种情形还原到现实世界中就是有一些太靠近已经发展良好的交通枢纽的城市，虽然拥有良好的交通条件，但是并不能得到很好的发展，如廊坊市得益于北京附近发达的交通网络，与周围城市之间有很好的交通可达性[182]，但由于距离北京和天津太近，并没有成为高级别的交通枢纽。这种城市的发展方向应该是寻求和原有交通枢纽的协同发展，最好能够形成同城效应，实现区域经济一体化。

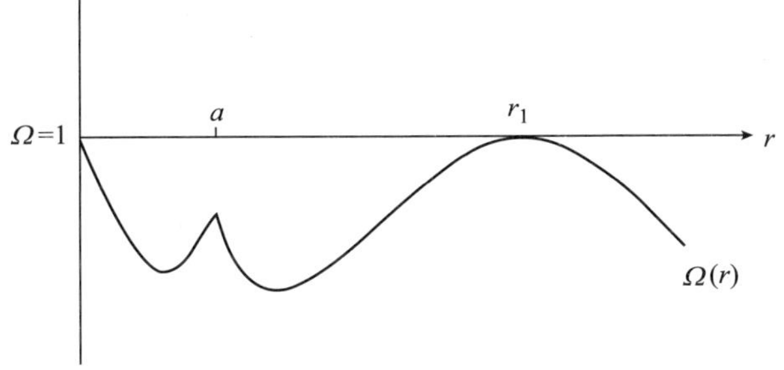

图 4－8　分支点与临界距离的情形 1

（2）第二种情形是分支点距离原有城市的距离适中，如图 4－9所示，在分支点市场潜能函数取得极值，因此新城市会在分支点出现。这一种情况较为常见，中国交通枢纽发展历程中很多城市都是在道路或水路的分支点形成，而且很多时候新城市会利用自己的区位优势发展得比原先的城市还要好，把区域内的经济中心从原来的城市转移到分支点产生的新城市，甚至有些时候原先的城市还会逐渐衰退，将其在区域里的政治中心、文化中心等地位拱手让给这些新兴城市，如近代兴起的石家庄、郑州等城市。

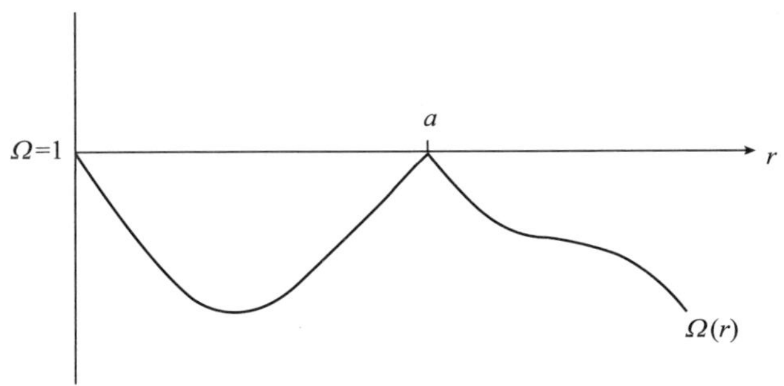

图 4－9　分支点与临界距离的情形 2

（3）第三种情形则是分支点距离原来的城市太过遥远，如图 4－10所示，新的城市会在原先城市与分支点之间形成，此后新城市将会扮演原先城市的角色，然后根据自身与分支点的距离属于这三种情形中的哪一种，选择新城市产生的地点。如果分支点距离原先城市足够远，沿着这条交通线路可能会产生数个新的城市，就像古代随着水运的逐渐兴起，虽然货物可能最终要去某个河流交汇地，但由于路途遥远，需要在中途进行停靠、装卸、转运、贸易等，从而导致一系列城镇的出现。

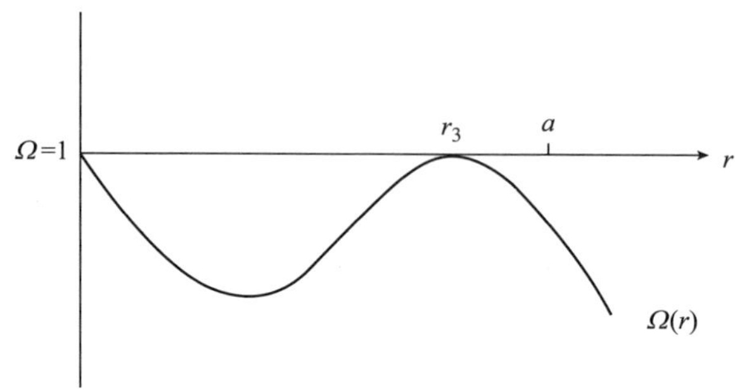

图 4－10　分支点与临界距离的情形 3

总的来看，虽然分支点市场潜能不一定是最大的，从而吸引厂商和劳动力进入形成新的城市，不过大部分情况下都会在交通枢纽建立一个新的城市，进而辐射影响其他所有的分支。有些时候交通枢纽自身的快速发展还会使得原有城市发展速度放慢，甚至引发衰退，因此可能会加剧区域间的发展不平衡。同时，交通枢纽连接的分支越多，它相较于周围区域的优势就会越大，对周围区域经济发展的影响也会越大。虽然相比于前文关于交通枢纽对于城市形成影响的分析，本节的分析已经愈加复杂，也得到了很多有价值的结论，但还是对现实世界里的情况做出了很多简化的假设，接下来将在考虑城市的土地价格、拥挤效应等因素的基础上进一步分析交通枢纽空间溢出效应的作用机理。

3. 交通枢纽的扩展分析

前文的模型在推导过程中只考虑了运输成本、劳动力工资及要素投入等因素，没有考虑到现实世界中的城市会随着人口密度的增加，逐渐出现拥堵、土地价格快速上涨、自然资源不足、环境等问题的出现，这些问题会增加在城市中开展经济活动的成本，从而影响整个城市的经济发展。由于这些成本存在的原因比较类似，首先只考虑拥堵成本存在的情况，用 τ_1 来代表拥堵成本，拥堵成本只在城市中出现，按照前面的假设拥堵只会影响工业品的生产活动，拥堵成本和运输成本的假设类似，将成本直接按某个比例从产品中扣除，因此综合考虑原来的交通成本和拥堵成本以后，生产一单位的工业品最终到达目的地可以销售的只有 $e^{-(\tau_1+\tau^m d)}$ 单位的产品，代入式（4－25）得到此时市场潜能的完整表达式为

$$\Omega(r)=e^{\sigma[(1-\mu)\tau^a-\mu(\tau^m+\tau_1/r)]|r|}\{\mu e^{-(\sigma-1)(\tau^m+\tau_1/r)|r|}+\frac{1-\mu}{A(f)}\left[2\int_0^f e^{-\tau^a s}e^{-(\sigma-1)(\tau^m+\tau_1/r)[s-|r-s|]}ds+\delta k\int_b^f e^{-\tau^a s}e^{-(\sigma-1)(\tau^m+\tau_1/r)[s-d(r,s)]}ds\right]\right\} \tag{4-32}$$

由于此时主要考察的是加入拥堵成本之后对于交通枢纽的影响，即 $r=a$ 时的影响，为了更简单地表述出结果，令 $r=a=1$，那么式（4－32）可以化简为

$$\Omega=e^{\sigma(1-\mu)\tau^a-(\sigma\mu+\mu-1)(\tau^m+\tau_1)}\left\{\mu+\frac{1-\mu}{A(f)}\left[2\int_0^f e^{-\tau^a s}ds+\delta k\int_b^f e^{-\tau^a s}ds\right]\right\} \tag{4-33}$$

因此对于工业品的运输成本和拥堵成本，市场潜能函数关于它们的导数均小于0，即 $\frac{\partial\Omega}{\partial\tau^m}<0$，$\frac{\partial\Omega}{\partial\tau_1}<0$。

这意味着对于某个交通枢纽而言，随着运输成本和拥堵成本的下降，其市场潜力都会增加，如果能不断地减少这两种成本，交通枢纽的市场潜能将会不断提升。不过在现实世界中交通枢纽的拥堵成本往往与其交通成本呈现出反比例的关系，这是因为交

通枢纽连接外部的交通成本下降，其市场潜能增大，吸引更多厂商到交通枢纽进行生产活动，最终导致交通枢纽更加拥堵，拥堵成本不断提高，因此可以假设 $\tau_1 = \frac{b}{\tau^{m}}$，$b$ 为固定的系数，与交通枢纽内部的结构、城市组织管理水平、内部交通网络效率等因素相关，代入式（4－33）可以得到

$$\Omega = e^{\sigma(1-\mu)\tau^{a}-(\sigma\mu+\mu-1)(\tau^{m}+\frac{c}{\tau^{m}})}\left\{\mu + \frac{1-\mu}{A(f)}\left[2\int_0^f e^{-\tau^{a}s}ds + \delta k\int_b^f e^{-\tau^{a}s}ds\right]\right\} \tag{4－34}$$

此时可以动态地考虑交通成本的变化对于交通枢纽市场潜能的影响，即交通枢纽的综合性能改变的影响，市场潜能关于交通成本的一阶导数为

$$\frac{\partial\Omega}{\partial\tau^{m}} = (\sigma\mu+\sigma-1)\left[\frac{b}{(\tau^{M})^2}-1\right]e^{\sigma(1-\mu)\tau^{a}-(\sigma\mu+\mu-1)(\tau^{m}+\frac{c}{\tau^{m}})}\left\{\mu + \frac{1-\mu}{A(f)}\left[2\int_0^f e^{-\tau^{a}s}ds + \delta k\int_b^f e^{-\tau^{a}s}ds\right]\right\} \tag{4－35}$$

由于 $0<\mu<1$，$\sigma \geqslant 1$，所以 $\sigma\mu+\sigma-1>0$，同时考虑到 $e^{\sigma(1-\mu)\tau^{a}-(\sigma\mu+\mu-1)(\tau^{m}+\frac{c}{\tau^{m}})}$ 与 $\frac{1-\mu}{A(f)}\left[2\int_0^f e^{-\tau^{a}s}ds + \delta k\int_b^f e^{-\tau^{a}s}ds\right]$ 都是大于 0 的。所以当 $0<\tau^{m}<b$ 时，$\frac{\partial\Omega}{\partial\tau^{m}}>0$；当 $\tau^{m}=b$ 时，$\frac{\partial\Omega}{\partial\tau^{m}}=0$；当 $\tau^{m}>b$ 时，$\frac{\partial\Omega}{\partial\tau^{m}}<0$。

根据前面的分析，发现市场潜能函数随着交通成本的减小，会先增大，达到一个最大值后再逐渐减小，如图 4－11 所示，也就是说，随着交通枢纽综合性能的改善，会不断有厂商和劳动力进入到这里进行生产活动，达到一个峰值后，这些劳动力和厂商

会由于逐渐提高的其他成本从而扩散到周围区域进行生产。

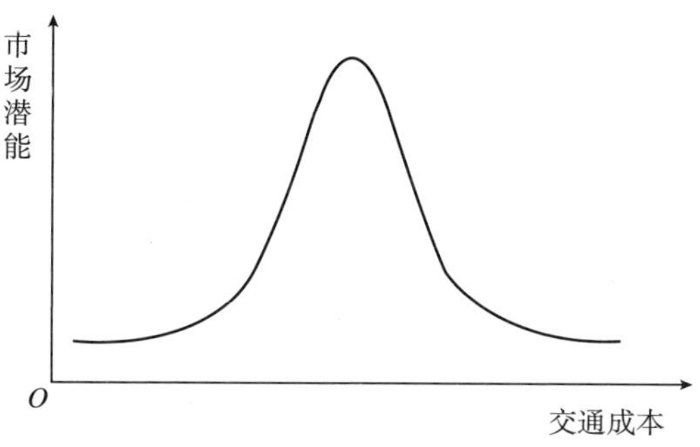

图 4-11 市场潜能与交通成本的关系

不过在这种情况下依然只考虑了拥堵成本，如果考虑到自然资源成本、环境成本等方面的成本，可以将这些成本一起考虑进去，假设这些成本加总为 τ ，可以表述成为

$$\tau = (\tau_1, \tau_2, \tau_3, \cdots, \tau_n) \tag{4-36}$$

其中 $\tau_1, \tau_2, \tau_3, \cdots, \tau_n$ 分别表示拥堵成本、自然资源成本、环境成本等由于人口密度提高导致的成本，结果和只考虑拥堵成本时类似，市场潜能依然会随着交通成本的减小，先增大再减小，只不过随着各类成本的增加，人口密度的临界值会改变。根据上述数理模型阐释的结果，下面将对交通枢纽空间溢出效应的动态变化趋势进行分析。

三、交通枢纽空间溢出效应动态变化趋势分析

通过前文对交通枢纽的市场潜能的分析，知道交通枢纽的市场潜能会随着各类成本的减小而先增大后再减小，而且在经济发展过程中，不断聚集在交通枢纽的劳动力和厂商还会带来集聚经济，从而提高劳动生产率，影响区域经济发展。最终在考虑到这些因素以后，本书认为交通枢纽在区域中的经济集聚程度和交通

枢纽发展水平大致呈现出“先集聚—再扩散—最后成熟稳定”的发展阶段，如图4－12所示。

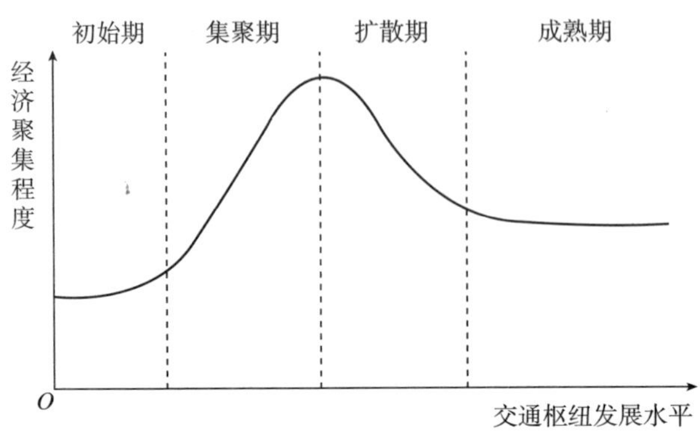

图4－12　交通枢纽发展水平与经济集聚程度的关系图

为了更好地分析交通枢纽的发展过程，本书将交通枢纽发展过程根据经济集聚程度分成4个时期。

（1）初始期，在交通枢纽发展的初始期，交通枢纽发展水平很低，与周围区域的交通连接不够通畅，相较周围城市的区位优势并不明显，在交通枢纽的工厂相较周围区域的工厂只能节约少部分交通成本，并不足以从周围区域吸引厂商和劳动力进入，此时交通枢纽对周围区域的集聚效应很弱，经济集聚程度很低。

（2）集聚期，随着交通枢纽发展水平的不断提高，交通枢纽的区位优势日益凸显，从交通枢纽出发可以非常方便地到达周围区域，此时在交通枢纽的工厂可以明显节约交通成本，将会吸引周围区域的厂商进入交通枢纽，由于经济活动和人口的增长会提高集聚经济的效益，以此形成正反馈循环，不断吸引周围区域的厂商和人员进入，此时交通枢纽对周围区域的集聚效应快速上升，经济集聚程度也快速上升，整体发展进入集聚期。

（3）扩散期，当交通枢纽的集聚程度达到一定水平以后，拥挤成本、土地成本、环境成本等快速提升，会削弱甚至抵消新增的集聚经济效益，而且此时周围的低等级交通枢纽的建设水平也开始快速提高，交通枢纽体系逐渐成型，厂商在交通枢纽进行生产活动的利润开始低于在周围区域进行生产活动的利润，此时厂商和人员就会开始逐渐扩散到周围区域，整体发展进入扩散期。

（4）成熟期，随着交通枢纽体系的形成，从周围区域进入交通枢纽的厂商和人员，与从交通枢纽流出的厂商和人员达到一个动态的平衡，不同产业会根据其产业特点选择最适合自己进行生产活动的地区，如高新技术产业、金融行业等集聚经济效益非常明显的产业会选择在经济活动和人口更多的交通枢纽，低技术含量、劳动密集型的产业将选择在劳动力和土地价格更低的周围区域进行生产，交通枢纽与周围区域产生良好的产业互补和联动，最终交通枢纽发展进入了成熟期。

在分析了交通枢纽发展水平与经济集聚程度的关系基础之上，图4－12中还有两点需要额外说明：第一，图中没有考虑其他产业的技术进步，因此图中到成熟期后经济集聚程度几乎不再变化。如果考虑技术进步的因素，人们可以建设更先进的城市基础设施来降低拥挤成本，提高土地利用率从而降低土地成本，加强环境保护产业的发展，提高城市承载力等，扩散效应将会减弱。与此同时，集聚经济中知识溢出的效果还会逐渐提高，集聚效应将会增强，原有的均衡将会打破，周围区域的厂商和人员会再次进入交通枢纽，最终达到新的均衡。因此在考虑技术进步的情况下，随着时间的推移，均衡状态下经济的集聚程度应该是不断提高的，这也和欧美发达国家近些年来的发展经验吻合，如纽约早在几十年前就已经是世界上重要的交通枢纽，有数百万人生活在这里，随着技术的不断进步，现在整个纽约大都市区已经有2 000万左右的人口。第二，虽然交通枢纽在发展初始期和成熟期都处于某种均衡状态，但是两种均衡状态的经济集聚程度是不一样的，成熟期时交通枢纽的经济集聚程度明显高于初始期，这是因为交通枢纽最初的均衡状态是交通枢纽和周围区域几乎无经济活动交流，而最后阶段的均衡状态是集聚效应和扩散效应相等时的情况，此时经济活动密度要高于最初的均衡状态，经济集聚程度也要更高。

根据前文对于交通枢纽发展水平与区域经济集聚程度之间关系的分析，本文总结出交通枢纽发展过程当中其空间溢出效应的一般变化规律，首先假设对周围区域的影响呈现为集聚效应时，交通枢纽的空间溢出效应为负，对周围区域的影响呈现为扩散效应时，交通枢纽的空间溢出效应为正，那么随着交通枢纽发展水平的不断提高，其空间溢出效应将呈现出先集聚，再扩散，最终实现动态均衡的变化规律，变化的不同阶段可以与图4－12 中的初始期、集聚期、扩散期和成熟期对应起来，如图4－13所示。

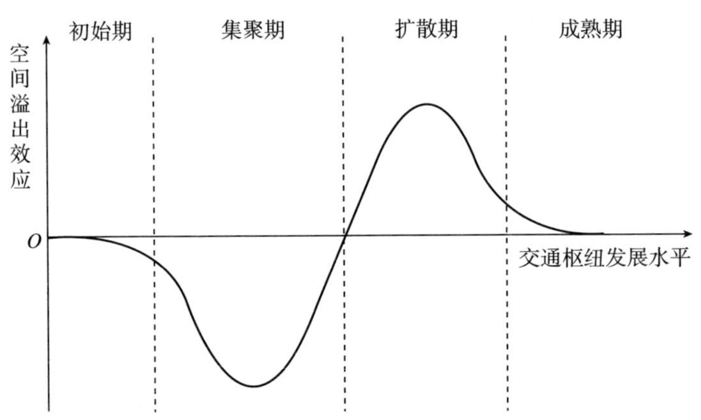

图4－13　交通枢纽发展水平与其空间溢出效应的关系

具体到每个不同的时期，可以根据前文对于交通枢纽发展水平与经济集聚程度的关系的分析，探究各个时期空间溢出效应的变化情况及内涵。

（1）初始期，在这个阶段交通枢纽的发展水平较为落后，对周围区域的经济发展影响较小，因此其空间溢出效应也较小，随着交通枢纽发展水平的逐渐提高，其对周围区域的集聚效应逐渐增大，空间溢出效应为负，而且集聚效应增加速度逐渐加快。

（2）集聚期，在这个阶段交通枢纽对周围区域的集聚效应逐渐增强，越来越多的厂商和人员进入交通枢纽，通过集聚经济带来的正反馈使得集聚效应越来越强，不过经济活动和人口增加带来的成本增加也使得扩散效应迅速增加，终于在某个极值点后成本上涨的速度大于聚集经济效益增长的速度，虽然空间溢出效应仍然为负数，但是开始逐渐增长，直到溢出效应大于扩散效应，交通枢纽的空间溢出效应由负变正。

（3）扩散期，在这个阶段交通枢纽对周围区域展现出扩散效应的情况，不断有厂商和劳动力受不了交通枢纽高昂的成本从其中搬离到周围区域，而在整体区域中快速完善的交通运输网络和交通枢纽体系也加快了这种进程，直到交通枢纽的人口密度下降到一定的程度后，向周围区域扩散的进程开始逐渐减速，空间溢出效应在这个阶段整体都是正的，只是开始先快速增加到一个极值，然后开始回落。

（4）成熟期，在这个阶段交通枢纽的集聚效应和扩散效应逐渐协调，不断地有厂商和劳动力从周围区域进入交通枢纽，也不断地有厂商和劳动力从交通枢纽迁移到周围区域，最终达到一个动态平衡状态，进入的厂商和劳动力与迁出的厂商和劳动力几乎相等，交通枢纽达到和周围区域共同协调发展的目标，形成良好的产业协作和城市联系，空间溢出效应在这个阶段逐渐减小，最终由正归为零。

正如图4－12中不考虑其他行业长期的技术进步一样，在图4－13中也没有考虑到这类技术进步，否则交通枢纽的空间溢出效应到成熟期之后不会归为零，而是在一个小范围内波动，具体数值与技术进步的速度有关。此外，由于最终成熟期时交通枢纽的经济集聚程度要高于初始期的水平，因此在图中曲线集聚期与 x 轴围成的面积要大于曲线扩散期与 x 轴围成的面积，如果用数学表达来说，空间溢出效应函数在集聚期积分的绝对值要大于扩散期积分的绝对值，只有这样交通枢纽最终的经济集聚程度才能高于最初的水平。

第二节　交通枢纽空间溢出效应的传导路径

通过前面对于交通枢纽空间溢出效应作用机理的分析，发现交通枢纽的空间溢出效应大致按照“交通枢纽综合性能—经济活动影响—集聚和扩散效应—空间溢出效应”的路径进行传导。因此本书立足于集聚经济理论和经济地理理论，通过总结梳理交通枢纽综合性能的影响因素，分析交通枢纽综合性能改善对于经济活动的影响及如何直接影响空间溢出效应，探求这些经济活动的改变将如何通过集聚经济的微观基础产生对周围区域的集聚效应，以及不断进入的劳动力和厂商带来的扩散效应，探讨集聚效应和扩散效应的相互作用如何间接影响空间溢出效应，最后建立交通枢纽空间溢出效应的传导路径，如图 4－14 所示，下面对这个传导路径进行详细的说明。

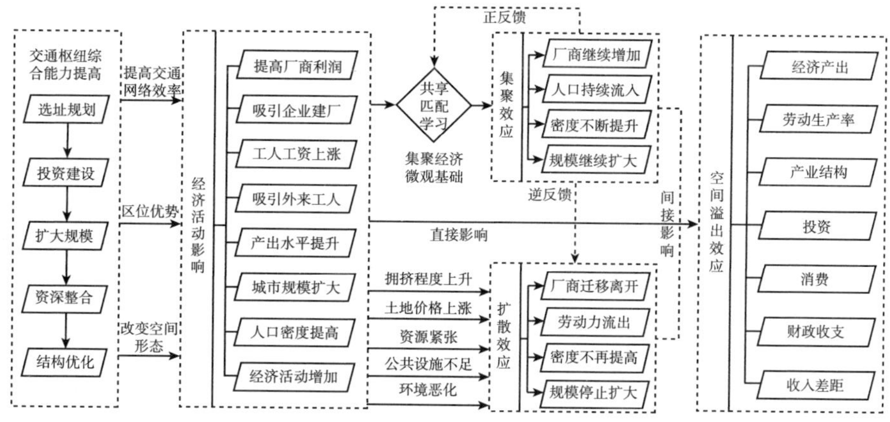

图 4－14　交通枢纽空间溢出效应的传导路径

一、交通枢纽综合性能的影响因素

经过前面的分析我们知道交通枢纽与区域经济发展有深刻的联系，改变交通枢纽的综合性能会通过提高交通网络效率、提升区位优势和改变空间形态来影响经济发展，因此需要分析哪些因素会影响到交通枢纽综合性能。经过细致分析发现，从交通枢纽的规划选址、投资建设到结构优化的诸多过程都会影响到交通枢纽的综合性能，按照其阶段不同可以分为以下几点。

（1）选址规划。不同等级的交通枢纽在空间上的分布会影响全国交通网络的效率，从前面对于中国交通枢纽空间分布的分析就可以看到中国的高等级交通枢纽大多集中于东部沿海地区，交通枢纽分布的不均衡一定程度上加剧了中国东、中、西部之间的区域经济发展不平衡，近些年不断推进中西部地区交通枢纽的建设发展，从一定程度上协调了中国区域经济的发展。此外，一个地区内不同等级交通枢纽的比例不能失调，如果某个地区拥有全国性交通枢纽，却没有相应的发展较好的区域性交通枢纽和地区性交通枢纽，就会导致这个地区的交通重心彻底偏向高等级的交通枢纽，经济发展过程中极易出现高等级交通枢纽从周围区域

"吸血"的情况，不利于整个区域经济社会的协调发展。

（2）投资建设。交通运输具有强大外部性的特征，对于经济发展有着良好的助推作用，很多学者都认为中国这些年取得经济发展的成就与中国大力建设交通运输有关，但是如果没有国家的补助或利用政策法规允许收费，私人部门投资建设交通设施往往是会亏损的，甚至中国的高速公路网络近年来基本上都处于整体亏损的状态。中国交通枢纽发展较为落后的是中西部地区，这些地区的经济发展较为落后，不管是地方财政还是私人部门都难以拿出足够的投资，因此需要政府有关部门稳步推进交通枢纽的建设完善，保障交通枢纽适度超前经济发展的投资，从而支撑引领区域经济的发展。

（3）扩大规模。交通运输还具有规模经济和网络经济的特征，随着交通总体规模的扩大和交通网络的完善，平均交通成本可以降低，收益也可得以逐渐提高。对于交通枢纽而言，扩大其规模可以防止交通枢纽成为交通网络堵塞的节点，避免因为交通枢纽规模不够大限制交通网络的整体运行效率。特别是在交通网络发展到一定阶段，交通枢纽已经开始制约网络的运行效率时，扩大交通枢纽规模的效果更为显著，可以降低交通网络整体的运输成本，提高运输效率，并且让交通枢纽快速建立起自己的区位优势，吸引厂商进入建厂，推动经济发展。

（4）资源整合。交通枢纽由于其自身的区位优势会吸引各种外部资源，这些外部资源不仅会带来庞大的交通需求，推动交通枢纽的不断发展，还会赋予交通枢纽除交通功能以外的功能，如成为区域内的商贸中心、文化中心，甚至是政治中心。这些新的功能可以继续强化交通枢纽的综合性能，但是如果不能很好地利用这些外部资源，甚至造成这些资源在交通枢纽的拥挤和失调，不仅不能让交通枢纽得到良好的发展，也浪费了社会中的宝贵资源。因此，在交通枢纽的发展过程中要注重协调各类外部资源，与外部资源更加地耦合，提高外部资源的利用效率，促进经济社会的稳定发展。

（5）结构优化。随着近代科学技术的不断进步，各类交通工具被发明使用，交通枢纽也从最开始的单一道路交通枢纽逐渐进化成现在各种交通方式并存的综合交通枢纽，但若只是单纯地将不同的交通方式分开看待，就达不到综合交通枢纽预期的效果，只能称之为复合型交通枢纽。此外，交通网络的结构也会对其运行效率产生影响，主干道和支线的比例，高等级交通枢纽与低等级交通枢纽的比例，不同交通枢纽之间的连接等因素都要考虑在内，否则交通网络将无法发挥出其应有的效果。对于现代化综合交通枢纽而言，需要优化各种交通方式的结构，合理布局各类交通枢纽和通道，优化不同交通方式之间的衔接和换乘，实现交通运输效率的提高，节约交通枢纽的建设投入，提高交通枢纽的经济社会效益。

二、交通枢纽综合性能改善对空间溢出效应的直接影响

在分析交通枢纽综合性能的主要因素之后，接下来继续探讨交通枢纽综合性能的改善如何直接影响空间溢出效应，从而对区域经济活动产生影响。由于交通枢纽综合性能的提升可以提高交通网络效率、提升区位优势和改变空间形态来影响经济发展，从而影响厂商和劳动力的生产活动，因此对于经济活动主要有以下几个方面的影响。

（1）提高厂商利润，吸引企业建厂。由于交通枢纽综合性能的改进会提高运输效率，提高交通枢纽的区位优势，使得在交通枢纽处的厂商运输成本下降，当厂商其他的成本及收入不改变时，厂商可以获取更高的利润，利润的提高又会进一步吸引附近区域的企业到交通枢纽来建立新的工厂，或者将原有的工厂搬到

交通枢纽，不管企业采取何种方式，交通枢纽的厂商数量都会增加。

（2）工人工资上涨，吸引外来工人。随着交通枢纽的工厂数量不断增加，交通枢纽原有的劳动力供给不足，企业只能提高工资来招聘劳动力，在其他生活成本不变的情况下，工资水平的提升会同时提高工人的生活水平，从而吸引周围区域的劳动力到交通枢纽工作，交通枢纽的劳动力数量增加。

（3）产出水平提升，城市规模扩大。随着交通枢纽的厂商和劳动力数量不断提高，在交通枢纽进行生产活动的厂商总体投入要素增加，其产出规模也会相应增加，而且随着厂商和劳动力的增加，交通枢纽原有的城市规模将不足以满足生产和生活的需要，城市的规模开始不断扩大。

（4）人口密度增加，经济活动增加。在厂商和劳动力不断增加的时候，不仅城市的规模会扩大，城市中的人口密度也会增加，人们的交流日益频繁，而且随着人口的增加，各类商贸活动、休闲娱乐活动也会随之增加，最终导致在交通枢纽进行的经济活动增加。

总的来说，交通枢纽综合性能的改善不仅影响本地经济的发展，还会吸引周围区域厂商和劳动力进入，产生空间溢出效应。此外，不断增加的厂商和劳动力还会带来更多的客货交通需求，这些派生性需求又会对交通枢纽的综合性能提出新的要求，促使交通枢纽不断地改进。

三、交通枢纽综合性能改善对空间溢出效应的间接影响

交通枢纽综合性能的改善不仅会直接影响空间溢出效应，而且随着交通枢纽的经济活动和人口不断增多，还会通过集聚经济提高劳动生产率，从而吸引周围区域厂商和劳动力的进一步流

入，当交通枢纽集聚程度达到一定水平之后，增加的拥堵成本、土地成本等又会使得厂商和劳动力扩散到周围区域，从而间接影响空间溢出效应。

本书通过共享、匹配和学习3种微观机制来解释集聚经济。

（1）共享。随着城市中厂商数量和种类的增多，不同产业之间和产业内上下游之间的厂商可以共享使用某些产品和服务，从而降低厂商的成本；与此同时，劳动力的增多也使得厂商可以共享劳动力市场，降低自己的用工成本；此外，城市中很多基础设施的固定成本很高，但边际成本很低，共享使用这些基础设施可以降低平均成本，让城市管理者可以提供更多基础设施服务，提高人们的生活水平。

（2）匹配。随着城市中厂商的增多，厂商在寻找匹配自己上下游厂商，或者合作伙伴时会更加方便，减少寻找匹配中的成本；劳动力数量的增加则使得厂商和劳动力之间的相互匹配更加容易，而且厂商可以找到更优秀的人才，劳动力也可以找到更好的企业，提高了匹配的质量；当劳动力和厂商数量不多时，不管是厂商还是劳动力都有可能为了自己的利益采取一些不正当行为，随着厂商和劳动力数量的增加，可以减轻这种要挟问题。

（3）学习。随着厂商和人口数量的增加，人们面对面的交流也会快速增加，不仅是与同一个公司、同一个行业的人进行交流，和不同行业的人进行交流也会有利于知识的产生、扩散和积累；此外，由于交通枢纽与周围区域的交通极为方便，跨地区之间的交流学习也会快速增加，各种研讨交流会，参观访问等活动也都有利于互相之间进行学习，从而提高经济活动的生产率。随着集聚经济效益的提高，厂商在交通枢纽进行生产活动的生产率也会相应提高，厂商可以获得更多的利润，因此交通枢纽会继续吸引厂商进入，不断进入的厂商会推高劳动力的工资水平，周围区域的劳动力也会持续流入，人口和经济密度得以不断提升，这些变化又会增强交通枢纽的集聚经济效益，产生正反馈，循环积累下去。

不过现实世界中虽然有一些交通枢纽已经发展成巨大的城市，但从来没有一个城市可以发展到无穷大，将一个国家所有的国民都集中到这一个地方，这是因为随着人口和经济活动密度的不断增加，也会提高厂商在这里的生产成本及人们在这里的生活成本。第一，随着人口的不断增加，交通枢纽的各类交通运输方式都将不堪重负，不管是对外交通还是内部交通都会产生拥挤现象，而且这种拥挤成本增加的速度会越来越快，当城市人口达到一定规模后，拥挤成本将严重影响城市的运行效率；第二，由于土地的供给是有限的，不断流入的人口和厂商将会不断地推高土地的价格，高昂的土地成本也将大大提高厂商的生产成本及劳动力的居住成本，降低厂商的利润及个人的生活水平；第三，集聚经济的正反馈中随着人口的不断增加，劳动力的工资水平也会不断增加，但对于劳动密集型的产业而言，生产率的增加将无法覆盖快速增加的劳动力成本，这类企业将倾向于搬出交通枢纽；第四，自然资源是有限的，一个地区如果承载了太多的人口，其水资源、植被资源等自然资源将无法承载这么多人口在这里生活，如果处理不当还会对空气、水、土地等产生污染，恶化交通枢纽附近的环境，不仅降低了人们的生活质量，甚至会危害人们的身体健康。

总的来说，交通枢纽综合性能改善对于空间溢出效应的间接影响既有可能产生负向的空间溢出效应，引发交通枢纽对周围区域集聚效应的加强，也有可能产生正向的空间溢出效应，引发交通枢纽对周围区域的扩散效应，从前面的理论分析可以知道交通枢纽在发展初期主要造成的间接影响是集聚效应，发展到一定阶段之后将以扩散效应为主，最终达到动态平衡。

综合考虑交通枢纽综合性能的改善对空间溢出效应的直接

影响和间接影响，就可以对交通枢纽的空间溢出效应进行分析。通过影响周围区域的厂商、劳动力和其他资源，交通枢纽的空间溢出效应体现在经济发展的各个方面，包括经济产出、劳动生产率、产业结构、投资、消费、财政收支、收入差距等。本书主要考察经济产出和劳动生产率，从总量和质量两方面考察交通枢纽对周围区域经济发展的影响。

第三节　本章小结

本章运用集聚经济理论和经济地理理论的基本研究范式，用理论梳理和模型建构阐释了交通枢纽通过直接效应和间接效应影响区域经济发展的作用机理，并分析了交通枢纽空间溢出效应的动态变化趋势，建立了“交通枢纽综合性能—经济活动影响—集聚和扩散效应—空间溢出效应”的传导路径。通过对交通枢纽空间溢出效应的理论分析，发现交通枢纽综合性能的改善可以提高交通网络效率、增加交通区位优势、改变区域空间形态，从而对空间溢出效应产生直接的影响，同时这 3 个方面的改变还会产生集聚效应和扩散效应，进而间接影响空间溢出效应，而空间溢出效应会进一步影响区域经济发展，不断发展的区域经济又对交通枢纽的综合性能提出了新的要求，这种引致需求会导致交通枢纽性能的继续改进，产生了交通枢纽空间溢出效应的循环强化机制。

本章的理论分析结果表明：①大多数交通枢纽相较于周围区域拥有更高的市场潜能，因此在交通枢纽处更容易形成城市，不过交通枢纽的快速发展有可能使周围区域的发展速度放慢，甚至引发衰退；②随着交通枢纽综合性能的提高，交通枢纽能够连接的交通线路越来越多，交通枢纽对于周围区域经济发展的影响也会愈加明显；③交通枢纽的发展过程可以分为初始期、集聚期、扩散期和成熟期，随着交通枢纽发展水平的不断提高，其空间溢出效应将呈现出“集聚—扩散—动态均衡”的变化规律。

第五章

中国交通枢纽对经济产出的空间溢出效应实证分析

第一节　计量模型构建

通过前文对于交通枢纽空间溢出效应的理论分析，梳理并阐释了交通枢纽空间溢出效应的作用机理和传导路径，为了验证本书关于交通枢纽空间溢出效应理论分析的正确性，有必要利用中国的实际数据进行实证分析。中国交通枢纽自改革开放以来，取得了巨大的进步，在一些发展较好的区域正在逐步形成现代化的综合交通枢纽体系，但是通过前面对于京津冀地区、长三角地区、珠三角地区这 3 个典型城市群交通枢纽体系的对比分析，以及对中国交通枢纽空间溢出效应现状的简要分析，可以发现中国交通枢纽的发展还存在很多不足。本书选取的研究样本是中国地级及以上城市，利用计量方法全面地考察中国交通枢纽空间溢出效应的现状，得到普遍性的结论，从而分析中国交通枢纽所处的发展阶段，为中国交通枢纽的发展提供建议。

本章探究的是中国交通枢纽对经济产出的空间溢出效应，同大多数研究交通与经济增长关系的文献一样，本章也选用地区生产总值代表经济产出，通过一个柯布道格拉斯函数的改进模型来反映交通枢纽跟经济产出之间的关系[183-185]，首先假定生产函数为

$$Y = AK^{\beta_1}L^{\beta_2}H^{\beta_3} \tag{5-1}$$

式中：Y，A，K，L，H——城市的总产出、全要素生产率、资本存量、劳动力数量和人力资本；

β_1，β_2，β_3——资本、劳动力数量、人力资本的产出弹性系数。

一般认为交通基础设施不仅可以在投资建设的时候直接刺激经济增长外，还可以通过影响其他投入要素的效率来改变产出，所以可以认为交通枢纽等级是全要素生产率中的一个影响因素，假定全要素生产率为

$$A = A(e^{\beta_4 Th}) \tag{5-2}$$

它是一个关于交通枢纽等级 Th 的线性函数，β_4 是交通枢纽等级的弹性系数，将式（5-2）对数化之后可得

$$\ln Y = \alpha + \beta_1 \ln K + \beta_2 \ln L + \beta_3 \ln H + \beta_4 \mathrm{Th} + e \tag{5-3}$$

式中 α 是常数项，e 是误差项，因为生产活动的关联性和外部性，一个城市的经济生产会受到周围城市的影响，为了考察交通枢纽城市对邻近城市的空间溢出效应，本文采用空间杜宾模型来进行估计，因此生产函数可以写成

$$Y_{it} = \alpha + \beta X_{it} + \rho \sum_{j=1}^{N} W_{ij} Y_{jt} + \theta \sum_{j=1}^{N} W_{ij} X_{it} + u_i + \lambda_t + \varepsilon_{it} \tag{5-4}$$

式中：i——地级区域；

t——年份；

Y_{it}——城市 i 在时期 t 的总产出；

α——常数项；

X_{it}——解释变量的集合；

W_{ij}——空间权重矩阵的元素；

$\sum_{j=1}^{N} W_{ij}Y_{jt}$——因变量的空间滞后项；

$\sum_{j=1}^{N} W_{ij}X_{it}$——自变量的空间滞后项；

u_i——空间效应；

λ_i——时间效应；

ε_{it}——随机扰动项。

空间计量方法与传统计量方法最大的区别之一就是引入了空间权重矩阵，构建空间权重矩阵有两种标准——邻接标准和距离标准，每种标准下又有多种规则用以构建空间权重矩阵。邻接标准常见的有固定距离规则、相邻边规则、k 个最近邻居规则等，距离标准常见的有地理距离规则、经济距离规则等。本书在选取空间权重矩阵时，没有简单地选择地理单元邻接矩阵，根据王红亮等[186]对各种不同方法选取空间权重矩阵方法的比较研究，选取了各城市之间最短距离的倒数作为权重，这样处理能够充分考虑到对交通影响最大的地理距离因素，同时可以考察地理距离接近但并不相邻的两个城市可能存在的相互影响。各地级市中心经纬度坐标取自国家基础地理信息系统，某些城市在样本时期内进行了更名，如 2010 年襄樊市更名为襄阳市，本书都仔细核对并进行了调整。在空间权重矩阵阈值的选择上，因为空间溢出效应随着距离而变，本书将不同距离阈值的空间权重矩阵代入模型进行估计，根据结果选取最适合的权重矩阵。

在确定了使用空间杜宾模型进行估计之后，还需要考虑是使用截面模型还是面板模型进行估计，本书将采用面板模型进行实证分析，这是由于面板模型具有以下优点：①可以解决遗漏变量问题，影响一个地区经济增长的因素非常繁多，极易出现遗漏变量，而这些遗漏变量大多是由于不可观察的个体差异，甚至是个体异质性造成的，而且这些差异往往不随时间而改变，使用面板数据可以有效解决这类遗漏变量的问题；②样本容量较大，面板数据同时包含了截面和时间两个维度，样本容量会远远大于一般的截面数据，因此可以提高计量估计的准确性；③提供更多个体动态行为的信息，由于同时包含截面和时间两个维度，面板数据不仅在样本容量上更大，还可以解决一些单独的时间序列数据及截面数据无法解决的问题。正是由于面板数据相较截面数据的这些优点，随着近些年来中国统计数据的逐渐完善，中国使用面板数据研究区域经济发展问题的文献越来越多，因此本书将采用空间面板模型进行估计。此外，在采用空间面板模型估计的基础上，本书也会采用普通的混合回归和面板数据等方法，将不同方法得到的估计结果呈现出来，通过对比更好地展示结果。

此外，在对中国地级及以上城市的面板数据进行分析得到结论之后，本章还对东、中、西部做进一步的分地区实证分析，这是因为中国东、中、西部地区的经济发展呈现出明显的阶梯性，从前面对中国交通枢纽的发展现状分析中也可以发现不同地区的交通枢纽发展情况大不相同，东部地区明显领先中西部地区，如果只针对全国总体城市样本做实证研究，会忽略这种明显的地区差异性，不能很好地分析中国交通枢纽发展的实际情况，因此本书和很多研究中国区域问题的文献一样，将中国分为东、中、西部 3 个不同的区域进行分地区的实证分析。

第二节 变量选取与数据说明

一、变量选取与数据来源

本书采用的样本是2003—2014年的城市面板数据，主要来源于历年的《中国城市统计年鉴》，一些城市缺失了部分数据，通过查阅这些城市的《国民经济与社会发展统计公报》进行补全。价格指数的相关数据来源于历年的《中国统计年鉴》，因为没有分城市的价格指数，所以用各省份的相关指数替代。除去对城市交通枢纽等级分类时剔除的毕节市、铜仁市、三沙市、海东市、拉萨市和中卫市外，陇南市由于缺少数据也被剔除，最终使用283个地级及以上城市数据。由于计量模型的假定，除虚拟变量以外的数据全部取对数，其中 Y 表示产出，K 表示资本存量，L 表示劳动力数量，H 表示人力资本，城市交通枢纽等级 Th 用虚拟变量 first、second 和 third 进行设定。

各变量的具体数据及构造如下。

Y：由国内生产总值定义，为了消除物价的影响，根据 GDP 平减指数，将各城市的 GDP 调整为2003年价格为基期的实际 GDP，单位为亿元。

K：由于中国没有公开发表的城市资本存量统计数据，本书借鉴柯善咨[187]的方法进行估算。首先利用2003年各城市市辖区限额以上工业企业流动资产和固定资产净值估计限额以上工业资本存量，然后利用限额以上工业增加值占市辖区生产总值比例估计2003年各城市资本存量。2003年以后各年的资本存量根据全市固定资产投资总额，用永续盘存法计算。

$$K_{it} = (1 - \delta_t)K_{i,t-1} + I_{it}/P_{it} \tag{5-5}$$

式中：K_{it} ——第 i 个地区第 t 年的资本存量；

$K_{i,t-1}$ ——第 i 个地区第 $t-1$ 年的资本存量；

I_{it} ——第 i 个地区第 t 年的投资；

P_{it} ——各地区固定资产投资价格指数；

δ_t ——第 t 年的折旧率。

在折旧率的设定上，不同学者对于中国的资本折旧率都有过计算，但因为计算的方法和基期资本的设定等不一样，得出了很多种结果，本书根据单豪杰[188]的研究，将折旧率设定为 10.96%，单位为亿元。

L：劳动力数量采用了单位从业人员与私营和个体从业人员，单位为万人。

H：人力资本采用了每万人在校大学生数，单位为人。

Th：城市的交通枢纽等级利用虚拟变量进行设定，first 代表全国性交通枢纽城市，second 代表区域性交通枢纽城市，third 代表地区性交通枢纽城市，当城市是某种交通枢纽时取值为 1，否则为 0。

由前面的模型推导过程可以知道 Y、K、L、H 四个变量需要对数化处理，而有些城市是没有大学的，所以其每万人在校大学生数无法对这些城市的 H 对数化，因此把这些城市的 $\ln H$ 都假定为零，从而进行下一步的估计。

为了考察不同区域交通枢纽的空间溢出效应，本书将全国 283 个城市分别归并到东部、中部和西部 3 个地区，对于东、中、西部进行划分时遵循中国政府一些文件中的对东、中、西部的划分，以及中国学者进行研究时对东、中、西部的划分。最终东部地区包括北京、天津、河北、辽宁、上海、江苏、浙江、福建、山东、广东和海南，共 11 个省（直辖市）、101 个城市；中部地区包括山西、内蒙古、吉林、黑龙江、安徽、江西、河南、湖北和湖南，共 9 个省（自治区）、109 个城市；西部地区包括四川、重庆、贵州、云南、西藏、陕西、甘肃、青海、宁夏、新疆、广西，共 11 个省（自治区、直辖市）、73 个城市。

二、变量的描述性统计结果

变量的描述性统计结果见表 5－1，表中给出了不同变量的样本量、均值、标准差、最小值、中位数、最大值和变异系数。

表 5－1　变量的描述性统计结果

变量名称	样本量	均值	标准差	最小值	中位数	最大值	变异系数
ln *Y*	3 396	14. 899 4	1. 258 6	11. 713 7	14. 770 2	19. 266 2	0. 084 5
ln *K*	3 396	7. 243 0	1. 098 5	3. 704 8	7. 199 1	10. 659 6	0. 151 7
ln *L*	339 6	4. 045 0	0. 799 9	1. 884 5	3. 970 4	7. 368 6	0. 197 7
ln *H*	339 6	4. 250 3	1. 315 2	0	4. 234 6	9. 748 6	0. 309 4
first	3 396	0. 018 0	0. 132 8	0	0	1	7. 395 1
second	3 396	0. 077 4	0. 267 3	0	0	1	3. 452 0
third	3 396	0. 179 0	0. 383 4	0	0	1	2. 141 7

资料来源：作者计算。

从表 5－1 中可以看到经济产出的最小值是 11. 713 7，最大值是 19. 266 2，由于本书数据全部对数化处理过，实际上城市产出的最大和最小值相差了近两千倍，说明中国不同城市的经济产出之间存在很大的差距。资本存量的均值为 7. 243 0，最小值是 3. 704 8，最大值是 10. 659 6，说明不同城市的资本存量之间也存在很大的差距。从劳动力数量和人力资本两个指标来看，不同城市的两个指标之间同样存在很大的差距，其中人力资本的差距尤为明显，说明中国许多发展较为落后的城市不仅缺乏基础设施，更加缺乏高素质的人才，使得这些地方无法发展出附加值较高的高端产业，只能成为产业发展过程中不断承接先发地区淘汰产业的地方，甚至连淘汰产业都无法承接，影响了这些城市的长远发展。

从各个指标的均值和中位数的对比情况来看，所有指标的均值均大于中位数，说明城市之间不平衡的情况非常明显，大部分的城市发展较为落后，而少数发展较好的城市将整体的平均水平拉高了，如果只看城市发展的平均水平，会高估中国城市的整体发展情况。从各个指标的变异系数来看，经济产出的离散程度最低，资本存量、劳动力数量和人力资本的离散程度依次增加，这说明中国城市的经济发展存在明显的差异性，而这些城市资本存量、劳动力数量和人力资本的离散程度都高过了经济产出的离散程度，其中人力资本之间的离散程度最大，三类不同交通枢纽比较来看，全国性交通枢纽的离散程度最大，区域性交通枢纽次之，地区性交通枢纽最低，这也符合前面对2014年各类交通枢纽举例说明的情况，表明全国性交通枢纽数量最少，区域性交通枢纽次之，地区性交通枢纽的数量最多。

为了进一步观察不同地区的差异性，表5－2给出了东、中、西部和全国各指标的平均值，从表中可以看出地区间的差距非常明显，东部沿海地区在所有指标上都领先于中西部地区和全国平均水平，表明东部地区的经济发展水平和交通枢纽发展水平都明显高于中西部地区，符合前面对于中国交通枢纽的现状分析及人们的直观感受。中西部地区的所有指标均值都是低于全国平均水平的，而且中部地区的大多数指标都是领先于西部地区的，只有因为中部地区在报告期内没有全国性交通枢纽，导致此项指标小于西部地区，表明中部地区的整体发展水平优于西部地区。

表 5 – 2　全国与各区域指标均值

地区	ln Y	ln K	ln L	ln H	first	second	third
全国	14. 899 36	7. 242 954	4. 044 966	4. 250 333	0. 017 962	0. 077 444	0. 179 034
东部	15. 550 92	7. 785 216	4. 436 092	4. 595 237	0. 046 205	0. 158 416	0. 325 083
中部	14. 644 83	7. 059 806	3. 969 468	4. 243 225	0	0. 036 697	0. 123 853
西部	14. 377 94	6. 766 169	3. 616 55	3. 783 751	0. 005 708	0. 026 256	0. 059 361

资料来源：作者计算。

为了进一步观察不同变量之间的关系，表 5 – 3 给出了变量的相关系数统计表，表中几乎所有的变量都在 1% 的水平上显著相关，唯一不满足的 first 和 second 的相关系数也在 5% 的水平上显著相关，说明各个变量之间的高度相关，可以初步认为变量选取是恰当的。同时，各个因变量与自变量之间的相关系数都是正的，说明这些指标与城市的经济产出有正相关关系，不过如果要探究因变量与自变量之间的详细关系，以及交通枢纽的空间溢出效应则需要对于变量进行进一步的实证研究。

表 5 – 3　相关系数统计表

	ln Y	ln K	ln L	ln H	first	second	third
ln$Y$	1	—	—	—	—	—	—
ln$K$	0. 875 8 ***	1	—	—	—	—	—
ln$L$	0. 798 5 ***	0. 821 2 ***	1	—	—	—	—
ln$H$	0. 635 6 ***	0. 581 5 ***	0. 575 4 ***	1	—	—	—
first	0. 370 4 ***	0. 306 0 ***	0. 405 8 ***	0. 180 0 ***	1	—	—
second	0. 469 9 ***	0. 421 0 ***	0. 465 2 ***	0. 330 5 ***	–0. 039 2 **	1	—
third	0. 323 1 ***	0. 338 4 ***	0. 324 9 ***	0. 220 8 ***	–0. 063 2 ***	–0. 135 3 ***	1

注：*、**、*** 分别表示在 10%、5% 和 1% 水平上显著。

第三节 实证计量结果及其分析

一、模型检验

1. 平稳性检验

面板数据模型在回归前需检验数据的平稳性，这是因为非平稳的经济时间序列有时候也可以表现出共同的变化趋势，而这些序列本身不一定有直接的关联，出现虚假回归或伪回归（spurious regression）的情况，如果对这些数据进行回归，会得到较高的拟合优度，但其结果是没有任何实际意义的。因此，为了避免这种现象的发生，确保估计结果的有效性，一般都会在面板回归之前对各面板序列的平稳性进行检验，而检验数据平稳性最常用的办法就是单位根检验。

经过多年对非平稳面板数据的研究，计量学家们发明了多种检验方法。Oh[189]较早地建立了对面板单位根进行检验的早期版本，后来经过 Levin 等[190]的改进，提出了检验面板单位根的 LLC 检验，该方法假设每个个体的自回归系数都相等，允许不同截距和时间趋势，异方差和高阶序列相关，适合于中等维度的面板单位根检验。为了克服 LLC 检验要求每个个体的自回归系数都相等这个假设在实际问题中过强的问题，Im 等[191]提出了检验面板单位根的 IPS 法。Maddala 和 Wu[192]提出了 ADF-Fisher 和 PP-Fisher 面板单位根检验方法。Hadri[193]将时间序列平稳性检验中的 KPSS 检验拓展到面板数据，提出了检验面板平稳性的 LM 检验，这种检验方法的优点是可以存在“异质性面板”。Choi[194]通过对面板数据的每一个时间序列分别进行单位根检验，再将所有统计量的

p 值综合成一个费舍尔型（Fisher type）统计量进行检验。总的来说，这些方法各有各的优点，为了使检验结果更加可信，本书同时运用了多种面板单位根检验方法进行检验，从 IPS、Fisher-ADF、Fisher-PP 检验的结果来看，只有变量 ln$H$ 是没有单位根的，其他变量是存在面板单位根的，不过所有检验都可以得出变量在一阶差分情况下为平稳数据的结论，只要满足协整关系就可以利用这些数据进行回归分析。因此，本书使用 Westerlund[195] 提出的第二代面板协整检验进行协整检验，这种检验方法不需要多余参数，允许异质面板的协整，而且可以考察究竟是与面板数据中的某个变量存在协整关系，还是与整个面板数据存在协整关系。本书还利用传统的 Pedroni、Kao、Johansen Fisher 检验进行验证，检验结果中都显示在 1% 的水平上显著的存在协整关系，所以本书认为数据存在协整关系，可以进行下一步的回归。

2. 空间依赖性检验

从前面对于空间计量的理论介绍可以看到，由于中国交通枢纽与周围区域之间存在明显的空间相关性，不同变量空间上的相关性会对实证结果产生影响，如果忽视这种空间相关性，会造成最后的估计结果是有偏差的。因此本书使用空间计量的方法进行估计，由前面的分析结果知道应该选取固定效应模型，但是还需要进一步根据模型是否具有空间滞后项和空间误差项来确定使用的空间模型类别。如果只有空间滞后项，那么应该使用空间滞后模型（SAR）；如果只有空间误差项，那么应该使用空间误差模型（SEM）；如果两种效应都不存在，那么使用普通的面板模型估计就是合适的；如果两种效应都存在，那么应该使用空间杜宾模型（SDM）。本书通过 LM 检验来判断空间滞后项和空间误差项，分别计算 LMLAG（LM test no spatial lag）、R-LMLAG（robust LM test no spatial lag）、LMERR（LM test no spatial error）、R-LMERR（robust LM test no spatial error）的 4 个统计量来进行判别，发现所有空间权重矩阵的检验结果都在1%的水平上拒绝了模型无空间滞后项或方程无空间误差项的原假设，表5-4中给出使用距离阈值为200 km的空间权重矩阵时的检验值，说明方程既有空间滞后项，也有空间误差项。此外，本书还使用了LR检验和Wald检验对模型的空间依赖性进行了检验，检验结果和LM检验的类似，都在1%的水平上拒绝了模型无空间滞后项或方程无空间误差项的原假设，因此在本书的研究中空间杜宾模型（SDM）比空间滞后模型（SAR）和空间误差模型（SEM）更为合适。

表5-4　空间依赖性检验

检验名称	标准化值	p 值
LMLAG	439.254 6	0.000
R-LMLAG	717.081 9	0.000
LMERR	5 666.228 6	0.000
R-LMERR	5 944.055 9	0.000

二、实证计量结果

本书首先利用混合回归和普通的面板模型进行计量分析，方便接下来与使用空间计量模型的估计结果进行对比，在进行面板模型估计时可以选择固定效应和随机效应两种方法，由于本书使用的是中国城市的数据进行研究，每个城市都有自己的自然、经济和社会特点，一般来说应该使用固定效应模型，以往学者进行类似的关于城市经济研究时也多认为使用固定效应是恰当的。本书通过Hausman检验也证实了这个想法，Hausman检验的结果在1%的水平上拒绝了可以使用随机效应模型的原假设，因此选取固定效应是比较正确的，为了对比固定效应模型和随机效应模型的结果，同时给出了两种效应的估计结果。此外，在使用混合回归方法时，为减少估计结果的偏误，还控制了时间效应和个体效应，具体结果见表 5 - 5。从表中可以看到，使用混合回归得到的系数明显大于使用面板模型估计得到的结果，而且两种面板模型的拟合优度都是要大于混合估计的结果，说明使用混合估计时遗漏了一些变量，使用面板模型的估计方法更为恰当。从两种面板模型的系数对比来看，随机效应模型的系数也都是要稍微大一点，表明依然有一些个体效应被漏掉了，因此采用混合回归和随机效应面板模型的结果会造成偏差，应该使用固定效应模型，验证了 Hausman 检验的结果。从估计系数来看，各类交通枢纽在三类方法的估计结果都是显著为正的，而且在同种估计方法中都遵循全国性交通枢纽的系数最大，区域性交通枢纽的系数次之，地区性交通枢纽的系数最小，表明在不考虑空间相关性的情况下，各类交通枢纽与经济产出存在显著的正相关，而且交通枢纽等级越高，其系数越大，即交通枢纽的等级越高，对于自身经济产出的促进作用也越大。资本存量、劳动力数量和人力资本 3 个变量的估计系数也都是显著为正的，说明这 3 个变量对于经济产出都有促进作用，与以往研究经济增长的文献相符合。

表 5 - 5　混合回归和面板模型的估计结果

变量名称	估计方法		
	OLS	FE	RE
first	1.572***	0.519***	0.797***
	(8.23)	(7.43)	(11.19)
second	0.885***	0.256***	0.396***
	(6.27)	(8.61)	(12.93)
third	0.404***	0.146***	0.204***
	(4.53)	(8.58)	(11.49)
ln*K*	0.613***	0.212***	0.299***
	(9.13)	(15.54)	(21.71)
ln*L*	0.108*	0.049***	0.096***

续表

变量名称	估计方法		
	OLS	FE	RE
	(1.67)	(4.12)	(7.85)
ln*H*	0.145 ***	0.014 **	0.028 ***
	(5.17)	(2.51)	(4.90)
时间变量	Yes	Yes	Yes
常数项	9.012 ***	12.352 ***	11.544 ***
	(25.82)	(130.41)	(119.28)
观察值	3 396	3 396	3 396
R^2	0.831	0.936	0.934

注：括号内为 *t* 统计量，*、**、*** 分别表示系数在 10%、5%、1% 的水平上显著。

不过即使使用了固定效应面板模型进行估计，由于中国经济发展呈现出明显的空间相关性，估计结果还是会遗漏掉变量之间的这种空间相关性，导致估计结果是有偏差的，所以要采取空间计量模型进行估计。从前面章节对空间计量的介绍可以知道，由于空间相关性的存在，最小二乘法估计空间模型可能导致回归参数、空间参数和标准误估计的不一致性，因此需要选用不同的估计方法进行估计，近年来计量经济学家们发明的常用空间计量估计方法有极大似然估计法（ML）、准极大似然估计法（QML）、工具变量法（IV）、广义矩估计法（GMM）、贝叶斯方法（MCMC）等，本书选择的是 LeSage 和 Pace[86] 给出的准极大似然估计法进行估计。

选取了合适的估计方法之后，空间计量模型还需要选取合适的空间权重矩阵，如前面数据说明里面所说，本书选取了各城市之间最短距离的倒数作为权重，不过这种权重矩阵需要确定矩阵的距离阈值，从以往对中国城市经济的相关研究结果显示，选取阈值为 200 km 左右的空间权重是比较合适的。本书研究时实验了多个空间阈值不同的空间权重矩阵进行模型的估计，通过对不同空间权重矩阵估计 SDM 模型的 R^2、ln *L* 进行比较，当空间距离阈值在 200 km 左右时，模型的估计结果最为拟合，说明从全国范围来看，交通枢纽在 200 km 左右的范围内空间溢出效应最为明显，所以本书给出的估计结果全部是空间距离阈值为 200 km 的权重矩阵的估计结果。此外，虽然前面的估计结果已经发现使用固定效应模型进行估计，不过空间固定效应、时间固定效应、空间和时间固定效应 3 种固定效应具体选取哪一种还需要分析，本书通过对比 3 种效应的估计结果，发现空间和时间固定效应的模型结果最优，因此最终选择空间和时间固定效应模型进行估计。为了比较不同的空间计量模型的回归结果，本书还使用 SAR、SEM 和 SDM 模型进行估计，表 5－6 中列出了不同模型的估计结果。

表 5－6　不同空间模型的估计结果

变量	模型			
	SAR	SEM	main	*Wx*
first	0.481*** (7.35)	0.463*** (7.08)	0.473*** (7.17)	0.368*** (2.76)
second	0.238*** (8.55)	0.232*** (8.21)	0.228*** (8.09)	0.153** (2.28)
third	0.133*** (8.34)	0.132*** (8.15)	0.127*** (7.87)	0.037 (1.37)
ln *K*	0.193*** (14.91)	0.197*** (14.46)	0.185*** (13.61)	0.017 (1.01)
ln *L*	0.044*** (4.00)	0.038*** (3.36)	0.036*** (3.16)	0.068*** (3.33)
ln *H*	0.013** (2.56)	0.014*** (2.66)	0.014*** (2.72)	－0.005 (－0.58)
ρ	0.199*** (9.10)	— —	0.210*** (7.62)	
Σ	0.019*** (41.14)	0.019*** (41.01)	0.019*** (40.31)	

续表

变量	模型			
	SAR	SEM	main	*Wx*
λ	—	0.217***	—	
	—	(9.34)	—	
ω	3 396	3 396	3 396	
R^2	0.761	0.718	0.723	

注：括号内为 *z* 统计量，rho 是被解释变量的空间相关系数，lambda 是误差项的空间相关系数，sigma2_e 是误差项的标准差，***、** 和 * 分别表示在 1%、5% 和 10% 的水平上显著。

在回归结果中，由于空间杜宾模型中自变量也会对周围区域的因变量产生影响，因此具有空间滞后项，在 *Wx* 列中就给出了空间滞后项的系数。观察表中的估计结果，发现各种等级交通枢纽及其空间滞后项的系数基本上都是显著为正的，只有 SDM 模型中地区性交通枢纽的估计系数不显著，从系数大小来看，全国性交通枢纽城市系数最大，区域性交通枢纽城市系数次之，地区性交通枢纽城市最小。当然空间滞后项并不能直接看到空间溢出效应的大小，下面通过直接效应、间接效应和总效应来分析空间溢出效应，具体估计结果见表 5－7。

表 5－7　空间杜宾模型的直接效应、间接效应和总效应

变量	效应					
	直接效应		间接效应		总效应	
	系数	*z* 值	系数	*z* 值	系数	*z* 值
ln*K*	0.188***	13.50	0.063***	3.92	0.251***	11.68
ln*L*	0.039***	3.59	0.086***	4.07	0.125***	5.39
ln*H*	0.014***	2.90	－0.002	－0.17	0.013	1.03
first	0.496***	7.58	0.542***	3.53	1.038***	5.84
second	0.237***	8.51	0.284***	3.45	0.521***	6.80
third	0.131***	8.27	0.075**	2.42	0.206***	5.65

注：***、** 和 * 分别表示在 1%、5% 和 10% 的水平上显著。

从表中可以看出，各类交通枢纽的 3 种效应都在 1% 的水平上显著为正，说明交通枢纽不仅对当地经济发展有显著的促进作用，还对周围区域的经济发展有显著的正向空间溢出。观察 3 种效应中各类交通枢纽的系数，可以发现系数大小都遵循全国性交通枢纽城市系数最大，区域性交通枢纽城市系数次之，地区性交通枢纽城市最小的排列。说明交通枢纽的功能等级越高，其对于当地经济发展的影响及空间溢出效应越大，总体上符合不同等级交通枢纽城市的功能定位和对交通枢纽作用的理论预期。不过仔细比较系数大小可以发现，区域性交通枢纽的间接效应远大于地区性交通枢纽，略小于全国性交通枢纽。再考虑到全国性交通枢纽的数量及建设难度，对于发展落后的地区而言，发展区域性交通枢纽可能更有利于区域经济的协调发展。

此外，从表 5－7 结果中还可以发现资本存量和劳动力数量的 3 种效应都在 1% 的水平上显著为正，人力资本只有直接效应显著为正，其他效应均不显著，说明资本存量和劳动力数量都对当地经济发展有良好的促进作用，并且有很明显的正向空间溢出效应，而人力资本对经济发展的促进作用主要体现在本地，对周边地区的空间溢出效应并不显著。

第四节　分地区的扩展分析

为了进一步观察中国不同区域交通枢纽的空间溢出效应，本书还按照东、中、西部对不同城市进行了分组，然后对不同分组交通枢纽的空间溢出效应进行估计，空间权重矩阵的阈值和前文一样选取了 200 km，结果见表 5－8。

表5-8　东、中、西部地区的空间杜宾模型估计结果

变量	模型					
	东部		中部		西部	
	main	Wx	main	Wx	main	Wx
first	0.444***	0.776***	—	—	0.515***	-0.036
	(4.47)	(3.75)	—	—	(4.83)	(-0.13)
second	0.205***	0.277***	0.195***	0.203**	0.229***	-0.054
	(4.93)	(3.36)	(4.17)	(2.24)	(2.87)	(-0.46)
third	0.107***	0.084	0.099***	0.098***	0.204***	-0.106**
	(4.02)	(1.51)	(3.78)	(2.68)	(6.74)	(-2.15)
$\ln K$	0.245***	-0.100***	0.133***	0.035	0.229***	0.087***
	(9.15)	(-2.59)	(5.87)	(1.39)	(9.91)	(2.98)
$\ln L$	0.077***	0.095**	0.044**	0.167***	-0.004	0.017
	(3.00)	(2.25)	(2.02)	(4.00)	(-0.28)	(0.61)
$\ln H$	0.027**	0.054	0.055***	-0.092***	-0.003	0.002
	(2.13)	(1.57)	(4.16)	(-5.06)	(-0.46)	(0.19)
ρ	0.152***	—	0.201***	—	0.027	—
	(3.45)	—	(4.15)	—	(0.50)	—
Σ	—	0.021***	—	0.018***	—	0.014***
	—	(24.51)	—	(24.91)	—	(22.01)
ω	1 212	1 308	876			
R^2	0.699		0.539		0.493	

注：括号内为 z 统计量，rho 是被解释变量的空间相关系数 sigma2_e 是误差项的标准差，***、** 和 * 分别表示在1%、5%和10%的水平上显著。

从表5-8可以发现，各类交通枢纽的回归系数都显著为正，不过空间滞后项的回归系数却不一定，东部地区的地区性交通枢纽、西部地区的全国性交通枢纽和区域性交通枢纽的估计系数不显著，西部地区地区性交通枢纽的系数甚至显著为负，不过空间滞后项并不能直接看到空间溢出效应的大小，下面通过直接效应、间接效应和总效应来分析空间溢出效应，具体估计结果见表5-9。

表 5-9　东、中、西部交通枢纽的直接效应、间接效应和总效应

变量	效应								
	东部			中部			地区		
	直接效应	间接效应	总效应	直接效应	间接效应	总效应	直接效应	间接效应	总效应
first	0.469***	0.966***	1.434***	—	—	—	0.515***	-0.010	0.505*
	(4.81)	(4.08)	(5.35)	—	—	—	(4.90)	(-0.04)	(1.78)
second	0.214***	0.347***	0.561***	0.201***	0.268***	0.469***	0.229***	-0.048	0.181
	(5.25)	(3.92)	(5.62)	(4.33)	(2.82)	(3.31)	(2.87)	(-0.45)	(1.47)
third	0.111***	0.117*	0.228***	0.104***	0.135***	0.239***	0.205***	-0.092*	0.113**
	(4.27)	(1.83)	(3.16)	(4.07)	(3.51)	(4.96)	(6.98)	(-1.93)	(2.08)
ln *K*	0.245***	-0.071	0.174***	0.137***	0.071***	0.208***	0.230***	0.088***	0.318***
	(8.89)	(-1.60)	(3.30)	(5.87)	(3.03)	(6.29)	(9.78)	(4.15)	(11.23)
ln *L*	0.079***	0.121***	0.199***	0.050**	0.197***	0.247***	-0.005	0.016	0.011
	(3.21)	(2.79)	(4.72)	(2.43)	(4.26)	(4.81)	(-0.33)	(0.63)	(0.39)
ln *H*	0.030**	0.070*	0.100**	0.053***	-0.091***	-0.038	-0.002	0.003	0.001
	(2.45)	(1.79)	(2.35)	(4.12)	(-4.65)	(-1.48)	(-0.36)	(0.29)	(0.08)

注：括号中为 z 值，***、** 和 * 分别表示在 1%、5% 和 10% 的水平上显著。

从表 5-9 结果可以看出，不同地区的估计系数不仅差异非常明显，与全国的估计结果也有很大不同。东部地区的估计结果和全国的比较接近，各类交通枢纽的 3 种效应都在 1% 的水平上显著为正，同时依然满足全国性交通枢纽最大、区域性交通枢纽次之、地区性交通枢纽最小的排序，而且东部地区交通枢纽的间接效应系数都大于全国的估计结果，特别是全国性交通枢纽的系数相差的更大。东部地区的结果表明在经济发展水平较高，交通网络比较完善的东部地区，各类交通枢纽对周围区域经济产出的正向空间溢出效应都更为明显，其中全国性交通枢纽的正向空间溢出效应最为明显，如果对应本文在理论分析中对交通枢纽发展划分的各个时期，东部地区的交通枢纽已经进入了扩散期。

中部地区由于在观测期内都没有全国性交通枢纽，所以只能考察剩下两种枢纽城市的影响，结果显示两种枢纽城市的各类效应的估计结果都在1%的水平上显著为正，区域性交通枢纽的估计系数都明显大于地区性交通枢纽，但是估计系数都小于东部地区。这样的结果表明中部地区的交通枢纽都有显著的正向空间溢出效应，而且区域性交通枢纽的空间溢出效应要大于地区性交通枢纽，不过中部地区交通枢纽的空间溢出效应要小于东部地区，这可能是由于中部地区的交通网络完善程度不如东部地区，交通枢纽无法将自身对于周围区域经济发展的影响完全发挥出来。对应到理论分析中划分的各个时期，中部地区的交通枢纽虽然也已经进入了扩散期，但是发展水平明显低于东部地区。

西部地区的各类交通枢纽只有直接效应显著为正，间接效应中无一显著为正，甚至地区性交通枢纽的空间溢出效应还是显著为负的，表明在中国西部地区交通枢纽只对当地经济发展有促进作用，完全没有发挥出自身带动区域经济发展的功能，甚至对周围区域经济发展产生了集聚效应，影响了周围区域经济的健康协调发展。这一结果与本书为在前面分析中国交通枢纽空间溢出效应的发展现状时的结论类似，当时发现中国西部很多省会城市作为区域内的交通枢纽占全省GDP的比重过高，甚至可以超过一半，这可能归咎于西部地区的交通建设一直比较落后，交通基础设施规模总量不足，覆盖面偏低，没有形成完善的交通网络，再加之西部地区的自然环境往往比较恶劣，戈壁沙漠、山地高原等地形层出不穷，交通枢纽无法很好地发挥集散中转功能，从而辐射带动周围区域的经济发展。如果对应到理论分析中划分的各个时期，那么西部地区的交通枢纽还处于集聚期，有些落后地区甚至才刚刚进入集聚期。

除了交通枢纽的估计结果外，各地区其他变量的估计系数也与全国的有很大不同，东部地区资本存量的间接效应并不显著，但资本存量在其他所有效应的估计系数都显著为正，表明资本存量对于当地经济发展都有很好的促进作用，但是在经济发展较好的东部地区资本存量对于周围区域无显著的空间溢出效应，而在经济发展较为落后的中西部地区，资本存量对周围区域经济产出有显著的正向空间溢出效应。这可能是因为不同地区资本存量的构成不一样，东部地区已经建设完成了很多连接外地的交通基础设施，逐渐增加的固定资产投资大多都是对当地公益类项目和竞争性项目的投资，因此空间溢出效应不再显著，而中、西部地区增加的资本存量很多都集中于基础设施投资，特别是交通、能源等方面的投资具有很强的空间溢出效应。劳动力数量在东部和中部地区的所有估计系数都显著为正，但是在西部地区的所有估计系数都不显著，可能是因为经济发展较为落后的西部地区缺乏发展良好的产业，无法提供给劳动力发挥其能力的就业机会，因此增加劳动力数量无法推动经济发展。人力资本在东部地区 3 种效应的估计系数都显著为正，在中部地区的直接效应估计系数显著为正，但间接效应的估计系数显著为负，其他估计系数都不显著。这可能是因为在东部地区有明显的知识溢出效应，在中部不同区域人力资本水平差距较大，人们偏向于去人力资本集中的城市工作生活，而西部地区整体的经济发展较为落后，还无法很好地利用人力资本对经济发展的促进作用。

第五节　本章小结

本章基于前文对于交通枢纽空间溢出效应的理论分析，构建了交通枢纽空间溢出效应的实证计量模型，运用空间计量模型实证分析 2003—2014 年中国地级及以上城市的面板数据，从而探究中国交通枢纽对周围区域经济产出的空间溢出效应，得到以下估计结果。

（1）中国不同等级的交通枢纽都对当地经济发展有显著的促进作用，并且促进作用大小按照全国性交通枢纽、区域性交通枢纽、地区性交通枢纽依次排列。

（2）中国交通枢纽的空间溢出效应在 200 km 左右的范围内表现最为显著，且各类交通枢纽都有正的空间溢出效应。从空间溢出效应的大小看，全国性交通枢纽最大，区域性交通枢纽次之，地区性枢纽城市最小，但是全国性枢纽与区域性交通枢纽的差距不大，两者皆远大于地区性交通枢纽。

（3）东、中、西部交通枢纽的空间溢出效应差异明显，东部和中部地区各类交通枢纽都有显著的正向空间溢出效应，而且交通枢纽的功能等级越高，空间溢出效应越大，西部地区交通枢纽的空间溢出效应并不显著，地区性交通枢纽甚至有负向的空间溢出效应。

（4）东部地区交通枢纽的空间溢出效应要大于全国平均水平，特别是全国性交通枢纽的空间溢出效应尤为明显，处于交通枢纽发展阶段中的扩散期；中部地区空间溢出效应最为显著的是区域性交通枢纽，地区性枢纽的空间溢出效应则要大于东部地区，也处于扩散期，不过发展阶段低于东部地区；西部地区的交通枢纽发展水平较为落后，还处于交通枢纽发展阶段中的集聚期。

本章的研究结果表明中国需要注重交通枢纽的梯度建设，在继续推进各类交通枢纽规划建设的时候，不能盲目地建设高等级交通枢纽，需要根据不同区域的实际情况有所侧重。东部地区应当大力打造全国性交通枢纽和区域性交通枢纽，增强高等级的交通枢纽与周围区域的联系，将交通枢纽的空间溢出效应彻底发挥出来；中部地区应当高等级交通枢纽与交通网络连接建设并重，建设两到三个全国性交通枢纽，从而拉动区域经济的整体发展；

西部地区应当更重视交通网络的建设，加强交通枢纽的衔接转换能力，提高交通枢纽的集散功能，加快速度从交通枢纽的集聚期发展到扩散期。在发展交通枢纽的同时还要注重与城市群的协调发展，利用交通枢纽的辐射带动能力，通过周围城市群的配套建设，发展适合当地的特色产业，加强城市间的良性互动，促进产业集群的形成，从而推动区域经济的发展。此外，还需要推进综合交通体系建设，打破行政边界，合理布局交通基础设施，做到交通设施的共建和共享，加强支线交通与干线交通，不同交通方式之间的连接，特别是中西部地区交通设施的互联互通，提高运输效率，促进区域经济的协调发展。

第六章

中国交通枢纽对劳动生产率的空间溢出效应实证分析

第一节　计量模型构建

前面一章中实证研究了中国交通枢纽对周围城市经济产出的空间溢出效应，得到了许多有价值的结论，本章将在此基础上考察中国交通枢纽对周围城市劳动生产率的空间溢出效应，从而更为全面地考察交通枢纽对周围城市经济发展的影响。本书在分析交通枢纽空间溢出效应的理论基础时，认为交通枢纽的综合性能改善之后会吸引周围厂商和劳动力进入，这些进入的厂商和劳动力会给交通枢纽带来集聚经济效益，提高了交通枢纽的整体生产率，从而吸引更多的厂商和劳动力进入，实现了自我强化的正反馈，直到不断增加的人口增加了交通枢纽的拥挤成本、土地成本和环境成本等，使得一些生产资源不断外流，带动周围区域经济生产活动效率提高，交通枢纽扩散效应逐渐大于集聚效应，最终实现动态平衡。因此要衡量交通枢纽对周围区域生产率的影响，就必须从城市集聚经济的角度切入，分析交通枢纽对周围城市生产率的空间溢出效应。

本章借鉴使用了 Ciccone 和 Hall[196]构建的一个分析经济活动密度和劳动生产率之间关系的模型，这个模型已经被许多学者用于研究不同国家的集聚经济，研究结果表明与现实情况较为符合，不过最初的模型中没有考虑交通因素，为了考虑交通枢纽对集聚经济的影响，本书将在原模型的基础上进行一定的扩展。

首先模型假定每个地区的非农产业分布是均匀的，用 f（n，q，a）表示某个地区投入要素为 n 时的非农产出产业的产出，q 是这个地区的非农总产出，a 是非农用地的总面积，可得

$$f(n,q,a) = n^{a}\left(\frac{q}{a}\right)^{(\lambda-1)/\lambda} \quad (6-1)$$

其中用 q/a 表示区域内产出的密度情况，用来表示集聚经济对单位面积土地非农产出的影响，假定其弹性系数为 $(\lambda-1)/\lambda$，会受到城市交通情况的影响，投入要素的产出弹性系数为 α。因此对于某个城市 i，其总产出 $q_i = a_i(n_i/a_i)^{a}(q_i/a_i)^{(\lambda-1)/\lambda}$，从而可以得到 $f(n,q_i,a_i) = n^{a\lambda}$。

我们将投入要素 n 具体化成为劳动力要素 hl 与资本要素 k，其中 h 表示人力资本系数，即劳动力的质量，l 与 k 分别为单位土地上的劳动力数量与资本数量，A_i 表示希克斯中性技术乘数，可得

$$f_i = A_i[(h_il_i)^{\beta}k_i^{1-\beta}]^{\alpha}\left(\frac{q_i}{a_i}\right)^{(\lambda-1)/\lambda} \quad (6-2)$$

假定每个城市的资本价格 r 相同，通过要素需求函数 $\frac{k_i}{a_i} = \frac{\alpha(1-\beta)}{r}\frac{q_i}{a_i}$，消去式（6-2）中的 k，最终得到的简化方程为

$$\frac{Q_i}{L_i} = \varphi A_i^{\omega}D_i(\theta,\eta) \quad (6-3)$$

式中： Q_i——i 市的产出；

L_i——i 市的工人数量；

Q_i/L_i——i 市的工人平均产出，即生产率；

φ——一个关于利率的常数；

ω——这个城市技术乘数的弹性系数；

$D_i(\theta,\eta)$——i 市的劳动密度函数；

η——教育的弹性系数；

$\theta = \frac{\alpha\lambda\beta}{1-\alpha\lambda(1-\beta)}$——就业密度对于城市劳动生产率的影响，取对数后得到估计方程

$$\ln \frac{Q_i}{L_i} = \ln \varphi + \eta \ln h_i + \ln D_i(\theta) + u_i \tag{6-4}$$

其中，由于 θ 受到交通及其他一些因素的影响，引入 T_i 表示 i 市的交通枢纽发展情况，一些遗漏的城市集聚经济影响因素都纳入到误差项 u_i，扩展式（6－4）得到最终的估计方程

$$\ln \frac{Q_i}{L_i} = \ln \varphi + \eta \ln H_i + \ln D_i + \ln T_i + u_i \tag{6-5}$$

然后对 Ciccone 和 Hall 的模型进行扩展，将交通枢纽的发展情况加入到集聚经济的模型之中，为了考察交通枢纽对邻近城市的空间溢出效应，本书将采用空间杜宾模型来进行估计，可以写成

$$Y_{it} = \alpha + \beta X_{it} + \rho \sum_{j=1}^{N} W_{ij} Y_{jt} + \theta \sum_{j=1}^{N} W_{ij} X_{it} + u_i + \lambda_t + \varepsilon_{it} \tag{6-6}$$

式中：Y_{it}——城市 i 在时期 t 的集聚经济；

X_{it}——解释变量的集合，下标 i 表示地级区域，t 表示年份；

α——常数项；

$\sum_{j=1}^{N} W_{ij}Y_{jt}$ ——因变量的空间滞后项；

$\sum_{j=1}^{N} W_{ij}X_{it}$ ——自变量的空间滞后项，W_{ij} 是空间权重矩阵的元素；

u_i ——空间效应；

λ_i ——时间效应；

ε_{it} ——随机扰动项。

由于存在空间滞后项时，回归系数将不再简单地反映自变量对因变量的影响，与第五章一样，我们仍将使用 LeSage 和 Pace 提出的方法，通过将总效应划分为直接效应和间接效应，从而反映自变量的空间溢出效应。

第二节　变量选取和数据说明

一、变量选取和数据来源

本章使用的数据与前文一样，采用的是中国地级及以上城市的面板数据，主要来源于 2004—2015 年《中国城市统计年鉴》，部分缺失数据通过查阅城市的《国民经济与社会发展统计公报》进行补全，除去对城市交通枢纽等级分类时剔除的毕节市、铜仁市、三沙市、海东市、拉萨市和中卫市外，陇南市由于缺少数据也被剔除，最终本章的样本包括了 283 个城市。本章的被解释变量是劳动生产率，借鉴范剑勇[197]的做法，使用了非农产业劳动生产率来代表城市的整体劳动生产率。此外，由于不同城市拥有不同的产业特征，有的城市第二产业是其支柱产业，有的城市第三产业是其支柱产业，为了更全面地分析交通枢纽与劳动生产率的关系，本章还引入了第二产业劳动生产率及第三产业劳动生产率来考察交通枢纽对不同行业劳动生产率的影响。此外，由于计量模型的假定，除虚拟变量以外的数据全部取对数，各变量的具体情况如下。

LP：非农产业劳动生产率，采用城市的非农产业生产总值除以非农产业就业人口，为剔除物价因素，本书使用的生产总值都通过各城市所在省份的 GDP 平减指数进行了平减，基年为 2003 年，单位为元/人；

SP：第二产业劳动生产率，采用城市的第二产业生产总值除以第二产业就业人口，单位为元/人；

TP：第三产业劳动生产率，采用城市的第三产业生产总值除以第三产业就业人口，单位为元/人；

L：非农产业就业人口密度，采用城市的非农就业人口数除以市辖区面积，单位为万人/平方公里；

SL：第二产业就业人口密度，采用城市的第二产业就业人口数除以市辖区面积，单位为万人/平方公里；

TL：第三产业就业人口密度，采用城市的第三产业就业人口数除以市辖区面积，单位为万人/平方公里；

H：人力资本采用每万人在校大学生数，单位为人；

T：城市的交通枢纽等级，利用虚拟变量进行设定，first 代表全国性交通枢纽城市，second 代表区域性交通枢纽城市，third 代表地区性交通枢纽城市，当城市是某种交通枢纽时取值为 1，否则为 0。

二、变量的描述性统计结果

变量的描述性统计结果见表 6－1，表中给出了不同变量的样本量、均值、标准差、最小值、中位数、最大值和变异系数，由于人力资本和交通枢纽指标与第五章使用的数据是一样的，所以其描述性统计也是一样的，就不在本章赘述了。从表6－1可以看到非农产业劳动生产率的均值为12.137 5，最小值是9.092，最大值是14.499，如果把对数化的数据标准化，实际上城市非农产业劳动生产率的最大值和最小值相差了两百倍，说明中国不同城市的非农产业劳动生产率之间存在很大的差距，不过相较第五章使用的经济产出数据，差距缩小了很多。第二产业生产率和第三产业生产率的均值分别是12.309 9和11.997 9，前者大于非农产业劳动生产率，后者小于非农产业劳动生产率，说明平均来看中国第二产业的劳动生产率是要高于第三产业的。再观察第二产业和第三产业劳动生产率的最小值和最大值，发现不同城市第二产业劳动生产率之间的差距要大于第三产业劳动生产率。从就业人口密度的指标来看，第三产业就业人口密度是要略高于第二产业就业人口密度的，而且第三产业就业人口密度最大值和最小值的差距要远小于第二产业就业人口密度的差距，说明中国不同城市之间第三产业的就业分布相比于第二产业更为均匀，第二产业就业人口更容易在某些城市出现集中的情况。

表6－1　变量的描述性统计结果

变量名称	样本量	均值	标准差	最小值	中位数	最大值	变异系数
ln LP	3 396	12.137 5	0.618 1	9.092 0	12.160 2	14.499 0	0.050 9
ln SP	3 396	12.309 9	0.710 7	8.468 1	12.320 0	15.288 8	0.057 7
ln TP	3 396	11.997 9	0.637 9	9.825 7	11.990 3	14.270 3	0.053 2
ln L	3 396	4.646 5	1.243 1	0.973 5	4.699 3	9.464 4	0.267 5
ln SL	3 396	3.890 6	1.390 3	0.164 0	3.996 0	9.453 8	0.357 4
ln TL	3 396	3.968 3	1.137 4	0.848 4	3.988 0	7.321 4	0.286 6
ln H	3 396	4.250 3	1.315 2	0	4.234 6	9.748 6	0.309 4
first	3 396	0.018 0	0.132 8	0	0	1	7.395 1
second	3 396	0.077 4	0.267 3	0	0	1	3.452 0
third	3 396	0.179 0	0.383 4	0	0	1	2.141 7

资料来源：作者计算

从各个指标的均值和中位数的对比情况来看，大部分生产率指标和就业人口密度指标的均值都小于中位数，只有第三产业劳动生产率的均值略大于其中位数，不过各个数据的差距并不是很大，说明中国各个城市生产率和就业人口密度的分布较为对称，不过有些城市的这两类数据较平均水平要低不少，这些发展较为落后的城市拉低了指标的均值。本章均值和中位数展现了和第五章不一样的对比结果，这可能是因为中国大城市大量劳动力产生了巨大的经济产出，虽然大城市不同产业的生产率基本上也是远高于平均值的，但是生产率的提高要慢于劳动力数量的提高，有可能是集聚经济的效益不够好，也有可能是中国大城市已经出现了显著的拥挤成本、土地成本等。

从各个指标的变异系数来看，非农产业劳动生产率的离散程度最低，在就业人口密度指标中，也是非农产业就业人口密度的离散程度最低，说明中国城市的二、三产业之间存在一定程度上的互补，如第二产业发展不好的城市，第三产业会发展得相对好一些，从而在计算非农产业的指标时缩小了差距。第二产业的劳动生产率和就业人口密度的变异系数都是大于第三产业的，也验证了前面的推断，第二产业更容易在中国某些城市出现集中的情况。此外，劳动生产率指标的变异系数比就业人口密度指标的变异系数要小得多，也就是说，不同产业劳动生产率之间的离散程度要小于就业人口密度的离散程度，和前面对比均值和中位数的结论类似。

为进一步观察不同变量之间的相互关系，表6－2给出了回归变量的相关系数统计表。从表中可以看到，几乎所有变量之间都是显著相关的，只有全国性交通枢纽与第二产业劳动生产率不是显著相关的。各个变量与非农产业劳动生产率之间的相关系数都是正的，初步说明这些指标与城市的非农产业劳动生产率有着正相关关系，不过各个变量与第二产业劳动生产率的相关系数不一致，所有的就业人口密度指标都与第二产业劳动生产率呈负相关关系，而其他指标都是正的，这可能与近年来中国传统工业发展不好有关，这些传统工业往往是劳动密集型产业，因此才会出现这种负的相关性。为了进一步探究因变量与自变量之间的详细关系，本书将进行下一步的实证研究。

表 6－2　相关系数统计表

	ln LP	ln SP	ln TP	ln L	ln SL	ln TL	ln H	first	second	third
ln LP	1	—	—	—	—	—	—	—	—	—
ln SP	0. 898 3 ***	1	—	—	—	—	—	—	—	—
ln TP	0. 888 9 ***	0. 635 0 ***	1	—	—	—	—	—	—	—
ln L	0. 098 0 ***	-0. 137 3 ***	0. 277 6 ***	1	—	—	—	—	—	—
ln SL	0. 093 0 ***	-0. 191 4 ***	0. 302 7 ***	0. 978 1 ***	1	—	—	—	—	—
ln TL	0. 102 2 ***	-0. 073 2 ***	0. 228 9 ***	0. 970 8 ***	0. 905 0 ***	1	—	—	—	—
ln H	0. 317 8 ***	0. 157 2 ***	0. 424 6 ***	0. 500 1 ***	0. 465 9 ***	0. 515 0 ***	1	—	—	—
first	0. 076 0 ***	0. 033 8	0. 115 5 ***	0. 161 4 ***	0. 133 7 ***	0. 181 0 ***	0. 173 6 ***	1	—	—
second	0. 204 8 ***	0. 108 3 ***	0. 265 4 ***	0. 222 4 ***	0. 217 0 ***	0. 222 6 ***	0. 299 3 ***	-0. 039 2 **	1	—
third	0. 214 4 ***	0. 129 7 ***	0. 251 8 ***	0. 221 3 ***	0. 226 2 ***	0. 205 6 ***	0. 215 7 ***	-0. 063 2 ***	-0. 135 3 ***	1

注：*、**、*** 分别表示在 10%、5% 和 1% 水平上显著。

第三节　实证计量结果及其分析

一、模型检验

同第五章一样，在实证估计前对数据的平稳性进行了检验。本书同时运用了多种面板单位根检验方法进行检验，从 LLC、IPS、Fisher-ADF、Fisher-PP 检验的结果来看，变量 ln TL、first、second、third 无法拒绝存在单位根的原假设，其他变量都可以在 1% 的水平上拒绝面板数据存在单位根的原假设。不过所有检验都可以得出变量在一阶差分情况下为平稳数据的结论，只要满足协整关系就可以利用这些数据进行回归分析。因此，本书继续使用 Westerlund、Pedroni、Kao 等检验方法进行验证，检验结果中都显示在 1% 的水平上存在显著的协整关系，所以本书认为数据存在协整关系，可以直接进行下一步的面板数据估计。

在进行了平稳性检验之后，由于中国经济发展呈现出明显的空间相关性，交通枢纽可能会影响到周围城市的劳动生产率，本章继续对模型的空间依赖性进行检验。检验方法和第五章一样，如果只有空间滞后项，那么应该使用空间滞后模型（SAR）；如果只有空间误差项，那么应该使用空间误差模型（SEM）；如果两种效应都不存在，那么使用普通的面板模型估计就是合适的；如果两种效应都存在，那么应该使用空间杜宾模型（SDM）。通过 LM 检验来判断空间滞后项和空间误差项，分别计算 LMLAG（LM test no spatial lag）、R-LMLAG（robust LM test no spatial lag）、LMERR（LM test no spatial error）、R-LMERR（robust LM test no spatial error）四个统计量来进行判别，发现所有空间权重矩阵的检验结果都在 1% 的水平上拒绝了模型无空间滞后项或方程无空间误差项的原假设，表 6 – 3 中给出使用距离阈值为200 km的空间权重矩阵时，对非农产业劳动生产率模型的检验值。此外，本书还使用了 LR 检验和 Wald 检验对模型的空间依赖性进行了检验，检验结果和 LM 检验的结果类似，都在 1% 的水平上拒绝了模型无空间滞后项或方程无空间误差项的原假设，因此在本章的研究中依然是空间杜宾模型（SDM）比空间滞后模型（SAR）和空间误差模型（SEM）更为合适。

表 6 – 3　空间依赖性检验

检验名称	标准化值	p 值
LMLAG	98. 931 0	0. 000
R-LMLAG	12. 902 3	0. 000
LMERR	1 842. 835 2	0. 000
R-LMERR	1 756. 806 5	0. 000

二、实证计量结果

本书利用2003—2014年中国地级及以上城市的数据研究交通枢纽对城市劳动生产率的影响，表6-4报告了使用混合回归和面板固定效应模型的估计结果。

表6-4　混合回归及面板固定效应模型的估计结果

变量	模型					
	OLS	OLS	OLS	FE	FE	FE
	非农产业	第二产业	第三产业	非农产业	第二产业	第三产业
first	0.200	0.122	0.277**	0.096	0.198	0.128
	(1.45)	(0.80)	(2.10)	(0.82)	(1.54)	(1.12)
second	0.472***	0.425***	0.524***	0.145***	0.191***	0.065
	(6.49)	(5.04)	(7.54)	(2.86)	(3.43)	(1.30)
third	0.314***	0.311***	0.317***	0.178***	0.220***	0.103***
	(6.21)	(5.40)	(6.21)	(5.28)	(5.93)	(3.09)
ln *L*	0.934***	—	—	0.867***	—	—
	(38.87)	—	—	(34.10)	—	—
ln SL	—	0.855***	—	—	0.586***	—
	—	(31.60)	—	—	(25.58)	—
ln TL	—	—	0.973***	—	—	1.065***
	—	—	(40.41)	—	—	(37.83)
ln *H*	0.042**	0.035	0.073***	0.417***	0.448***	0.399***
	(2.19)	(1.49)	(4.33)	(33.29)	(32.64)	(32.21)
east	0.145**	0.076	0.268***	—	—	—
	(2.22)	(0.84)	(4.51)	—	—	—
middle	-0.016	-0.060	0.071	—	—	—
	(-0.26)	(-0.75)	(1.32)	—	—	—
distant	-0.124***	-0.172***	-0.122***	—	—	—
	(-3.11)	(-3.49)	(-3.25)	—	—	—

续表

变量	模型					
	OLS	OLS	OLS	FE	FE	FE
	非农产业	第二产业	第三产业	非农产业	第二产业	第三产业
constant	2.351***	2.859***	1.821***	1.706***	2.690***	0.774***
	(18.13)	(20.32)	(15.06)	(14.00)	(26.67)	(6.73)
观察值	3 396	3 396	3 396	3 396	3 396	3 396
R^2	0.925	0.886	0.932	0.471	0.394	0.493

注：括号内为 t 统计量，OLS 模型估计时控制了时间虚拟变量，并且采用了地级市调整的稳健标准差进行统计推断，***、** 和 * 分别表示在 1%、5% 和 10% 的水平上显著。

为了更为全面地考察交通枢纽对不同行业劳动生产率的影响，将非农产业分为第二产业、第三产业进行估计，1～3 列为混合回归的估计结果。在进行混合回归估计时，为了减少遗漏变量对模型估计结果造成的偏误，增加模型估计的有效性和准确性，本书添加了一系列的控制变量：①区域因素（east、middle），由于中国经济发展呈现出明显的阶梯型，因此按照东、中、西部将城市划分到不同的区域，东、中、西部具体的划分和第五章一样，当城市位于东部地区时 east = 1，其余时候等于 0，当城市位于中部地区时 middle = 1，其余时候等于 0；②距离北上广的最近距离（distant），中国经济除了东、中、西部存在明显的发展差距以外，一些研究还发现，中国城市的经济产出与其距离三大城市群的距离有关，因此加入了这个距离变量；③时间虚拟变量，为了控制不同年份中国经济增长的波动对估计结果的影响，还加入了时间虚拟变量，由于本书采用的面板数据跨度为 12 年，因此加入了 11 个时间虚拟变量，等于相应年份时虚拟变量等于 1，其余时候等于 0。此外，为了应对混合回归估计方法中可能存在异方差或自相关问题，采用了地级市调整的稳健标准差进行统计推断。不过即使本书已经在使用混合回归估计方法时控制了众多变量，仍未能彻底控制城市的全部固定效应，可能会存在内生性问题，导致估计不是无偏的，所以本书还利用面板模型进行估计。由于不同城市都拥有较为独特的经济社会特点，从以往学者对城市经济的相关研究来看，一般选择固定效应模型更为准确，本书也通过 Hausman 检验证实了这个想法，Hausman 检验的结果在 1% 的水平上拒绝了不存在固定效应的原假设，说明在这里使用固定效应面板模型进行估计更为合适，4 ~6 列中为总体和分行业的面板固定效应模型的估计结果。

从估计结果可以看出，不同类型的交通枢纽对劳动生产率的影响有显著差异。全国性交通枢纽对生产率的影响只在第 4 列中显著为正，表明全国性交通枢纽对城市不同产业的劳动生产率的影响都不显著，这可能是因为全国性交通枢纽城市聚集了过多的资源和人口，使得城市的运行成本急剧增加，激增的拥堵成本、土地成本和环境成本等抵消了集聚经济带来的效益。区域性交通枢纽与地区性交通枢纽的估计系数则几乎都显著为正，只有区域性交通枢纽在第 6 列中不显著，表明区域性交通枢纽与地区性交通枢纽对城市不同产业的劳动生产率有显著的正向影响，发展区域性交通枢纽与地区性交通枢纽有助于城市提高劳动生产率，促进城市的持续发展。此外，通过比较区域性交通枢纽和地区性交通枢纽结果可以发现，区域性交通枢纽的系数一般都要大于地区性交通枢纽，说明区域性交通枢纽对城市劳动生产率的促进效果更好。

观察不同行业就业人口密度的估计系数可以发现，所有系数都在 1% 的水平上显著为正，说明就业人口密度的增加会提高相应产业的劳动生产率，证明了集聚经济在中国城市经济社会发展中是存在的，而且效果非常显著。人力资本变量的系数也大部分是显著为正的，只有在第 2 列中不显著，说明提高人力资本有助于提高劳动生产率，这与很多其他研究的结果是相吻合的。

由于区域经济发展呈现明显的空间相关性，因此和第五章一样使用空间杜宾模型（SDM）进行计量估计，估计结果见表6－5，其中 mian 表示因变量的普通回归系数，*Wx* 表示因变量的空间滞后项的回归系数，表中分别列出了非农产业、第二产业、第三产业经济密度的估计结果。在选取空间权重矩阵时，和第五章一样，考虑到经济活动的空间相关性往往与地理距离有关，使用空间阈值为200 km 的空间权重矩阵，在时间和空间的双固定效应情况下进行估计。

表6－5　空间杜宾模型的估计结果

变量	产业					
	非农产业		第二产业		第三产业	
	main	*Wx*	main	*Wx*	main	*Wx*
first	−0.001 (−0.03)	0.131* (1.82)	0.045 (0.63)	0.202** (2.18)	0.084 (1.53)	−0.010 (−0.14)
second	0.125*** (4.99)	0.092** (2.29)	0.140*** (4.38)	0.174*** (3.36)	0.091*** (3.70)	−0.042 (−1.05)
third	0.104*** (6.45)	0.078*** (3.02)	0.123*** (5.93)	0.097*** (2.94)	0.062*** (3.90)	0.054** (2.14)
ln *L*	0.618*** (52.14)	−0.190*** (−7.51)	— —	— —	— —	— —
ln SL	— —	— —	0.432*** (34.83)	−0.149*** (−6.11)	— —	— —
ln TL	— —	— —	— —	— —	0.753*** (57.90)	−0.130*** (−4.19)
ln *H*	0.026*** (3.96)	−0.010 (−0.82)	0.037*** (4.39)	−0.000 (−0.01)	0.014** (2.24)	0.002 (0.21)
ρ	0.212*** (9.05)		0.193*** (8.47)		0.160*** (6.48)	
Σ	0.032*** (40.54)		0.053*** (41.18)		0.031*** (41.06)	

续表

变量	产业					
	非农产业		第二产业		第三产业	
	main	Wx	main	Wx	main	Wx
ω	3 396		3 396		3 396	
R^2	0. 831		0. 795		0. 835	

注：括号内为 z 统计量，rho 是被解释变量的空间相关系数，lambda 是误差项的空间相关系数，sigma2_e 是误差项的标准差，***、** 和 * 分别表示在 1%、5% 和 10% 的水平上显著。

使用空间杜宾模型的回归结果与前面的估计结果类似，全国性交通枢纽的回归系数大多不显著，只有非农产业和第二产业劳动生产率的空间滞后项系数显著为正，说明全国性交通枢纽对自身劳动生产率的影响并不显著，但对于周围城市第二产业的劳动生产率有正向影响。区域性交通枢纽和地区性交通枢纽的回归系数则基本上显著为正，只有区域性枢纽在第三产业劳动生产率的空间滞后项系数不显著，说明区域性交通枢纽和地区性交通枢纽不仅对自身经济有显著的正向影响，对周围城市的劳动生产率也有正向影响。而且观察区域性交通枢纽和地区性交通枢纽的回归系数可以发现，区域性交通枢纽的估计系数都是要大于地区性交通枢纽的估计系数的，说明区域性交通枢纽对劳动生产率的影响要大于地区性交通枢纽。

不同行业就业人口密度的普通回归系数都显著为正，而其空间滞后项都显著为负，说明就业人口密度的增加有助于提高自身的劳动生产率，但是却会对周围城市的劳动生产率产生负向的影响。人力资本普通回归系数都是显著为正的，但其空间滞后项系数都不显著，说明交通枢纽的人力资本水平对自身的劳动生产率有所影响，但是对于周围城市的劳动生产率并无影响。由于空间计量模型的特性，空间滞后项并不能直接看到空间溢出效应的大小，下面通过直接效应、间接效应和总效应来分析各类交通枢纽对城市劳动生产率的空间溢出效应，具体估计结果见表6－6。

表6－6　直接效应、间接效应和总效应

变量	产业								
	非农产业			第二产业			第三产业		
	direct	indirect	total	direct	indirect	total	direct	indirect	total
first	0.011	0.147*	0.157*	0.061	0.232**	0.294**	0.089*	0.000	0.089
	(0.20)	(1.84)	(1.72)	(0.91)	(2.30)	(2.54)	(1.73)	(0.00)	(1.06)
second	0.131***	0.138***	0.270***	0.150***	0.229***	0.379***	0.091***	－0.028	0.063
	(5.39)	(3.20)	(6.02)	(4.80)	(4.20)	(6.76)	(3.76)	(－0.67)	(1.51)
third	0.109***	0.116***	0.225***	0.129***	0.137***	0.266***	0.065***	0.071***	0.135***
	(6.95)	(4.04)	(7.48)	(6.36)	(3.79)	(7.02)	(4.17)	(2.60)	(4.84)
ln L	0.616***	－0.068***	0.548***	—	—	—	—	—	—
	(50.53)	(－2.90)	(20.23)	—	—	—	—	—	—
ln SL	—	—	—	0.429***	－0.073***	0.356***	—	—	—
	—	—	—	(33.78)	(－3.02)	(12.85)	—	—	—
ln TL	—	—	—	—	—	—	0.753***	－0.010	0.743***
	—	—	—	—	—	—	(56.37)	(－0.41)	(25.30)
ln H	0.025***	－0.005	0.020	0.037***	0.008	0.044**	0.014**	0.005	0.019
	(3.95)	(－0.36)	(1.19)	(4.48)	(0.43)	(2.09)	(2.28)	(0.38)	(1.24)

注：括号内为 z 统计量，***、** 和 * 分别表示在1%、5%和10%的水平上显著。

从表6－6可以看出，全国性交通枢纽的直接效应对第三产业劳动生产率估计时在10%的水平上显著为正，对于非农产业和第二产业劳动生产率的间接效应和总效应都显著为正，其余的估计系数都不显著，说明全国性枢纽对周围城市的劳动生产率有一定程度的正向影响，通过对比分行业的估计结果可以知道，这种正向影响主要集中在第二产业。区域性交通枢纽只有第三产业的间接效应与总效应估计结果不显著，其他估计结果全部显著为正，说明区域性交通枢纽不仅对所在城市的劳动生产率有促进作用，也对周围城市的劳动生产率有正向影响，而且这种空间溢出效应也主要体现在第二产业上。地区性交通枢纽所有效应的估计结果都为正，说明地区性交通枢纽对所在城市和周围城市的劳动生产率都有正向影响，而且正向影响同时作用于第二产业和第三产业。对比区域性交通枢纽和地区性交通枢纽的估计系数，可以发现地区性交通枢纽对非农产业和第二产业劳动生产率的各种效应的估计系数都是要大于地区性交通枢纽的，说明区域性交通枢纽对自身劳动生产率和周围城市劳动生产率的影响要大于地区性交通枢纽，而且这种影响上的差距主要体现在对第二产业的影响上。

观察不同行业就业人口密度对相应行业劳动生产率的各类效应可以发现，就业人口密度对于相应行业劳动生产率的直接效应和总效应都是显著为正的，但是间接效应都是负的，只不过对非农产业和第二产业显著，对第三产业的影响不显著，说明就业人口密度对自身劳动生产率都有显著的正向作用，但是对周围城市的劳动生产率有显著的负向影响，而且这种负向影响主要集中于第二产业。人力资本的直接效应都是显著为正的，但其他效应的估计系数基本上都不显著，说明人力资本主要对自身的劳动生产率有正向作用，对周围城市的劳动生产率无明显影响。

第四节　本章小结

本章利用前文对交通枢纽空间溢出效应的理论分析，借鉴 Ciccone 和 Hall 的模型，构建了交通枢纽对城市劳动生产率影响的模型，接着使用 2003—2014 年中国地级市的面板数据分析了交通枢纽与城市劳动生产率的关系，以及交通枢纽对周围城市劳动生产率的空间溢出效应，并且进一步通过分行业的数据探究交通枢纽对不同行业劳动生产率的影响，最终得到以下研究结果。

（1）不同的交通枢纽对城市劳动生产率的影响有显著的不同，全国性枢纽只对第三产业有显著的正向影响，对第二产业和非农产业的影响不显著，区域性枢纽和地区性枢纽对所有产业的劳动生产率都有显著的正向影响，而且区域性交通枢纽的促进作用要大于地区性交通枢纽的促进作用。

（2）全国性交通枢纽和区域性交通枢纽都对周围城市有显著的正向空间溢出效应，不过二者的空间溢出效应都主要集中在第二产业，而对第三产业无显著的影响，地区性枢纽则对周围城市的二、三产业都有显著的正向空间溢出效应。从影响大小看，全国性枢纽和区域性枢纽对第二产业的影响差距不大，不过都高过地区性交通枢纽。

（3）就业人口密度对本地的劳动生产率有显著的正向影响，但对周围城市的劳动生产率却显示出显著的负向空间溢出效应，不过这种影响主要集中于第二产业，对第三产业并无明显的空间溢出效应。人力资本则是只对本地的劳动生产率产生显著的正向影响，并无明显的空间溢出效应。

研究结论表明，中国需要把发展交通枢纽的重心从全国性交通枢纽向区域性交通枢纽和地区性交通枢纽转移，例如，像北京这样的全国性交通枢纽对本地及周围城市的劳动生产率的影响已经不再明显，其原因可能是过去这些年中国把太多的资源都投入到这些大城市中，愈发拥挤的城市、高昂的地价和糟糕的环境抵消了集聚经济带来的红利，使得城市集聚经济的效果越来越差。相对而言，中国的区域性交通枢纽和地区性交通枢纽有很大的发展潜力，而且发展这两类交通枢纽还能提高周围城市的集聚经济效益，有利于区域经济的协调发展。本章的结果支持了中国建设新型城镇化的战略中建设多个城市群的规划，认为发展多个城市群的城镇化路径更具有经济效率。

第七章 本书启示与未来展望

第一节　本书总结

本书通过对以往交通枢纽空间溢出效应相关研究的文献进行综述，总结相关理论对于交通枢纽与区域经济发展关系的研究进展与研究不足，然后以中国大力发展交通枢纽为现实背景，梳理中国交通枢纽发展历程中的不同时代，总结中国交通枢纽发展过程中呈现出来的特点和问题，在此基础上提出了交通枢纽空间溢出效应的作用机理和作用路径，并进一步利用空间计量方法对中国地级及以上城市的面板数据进行实证估计，得到交通枢纽对周围区域经济产出和劳动生产率的计量结果，最终本书得到以下主要结论。

（1）通过对中国交通枢纽的发展历程的梳理总结，发现中国交通枢纽呈现以下发展特点：主导发展动力从地理条件和政治定位逐渐转变为交通条件和经济水平，从单一交通方式的交通枢纽到综合交通枢纽转变，从点状发展逐渐升级到以点带面的网络发展。此外，本书还利用聚类分析的方法对中国城市的交通枢纽等级进行了测度，发现中国交通枢纽的空间分布呈现出明显的空间相关性，不同地区交通枢纽的发展水平差距较大，大部分高等级交通枢纽都集中于东部沿海地区，中西部交通枢纽的发展水平较为落后，不过近年来这种情况有所好转，中西部一些交通枢纽取得了不俗的进展，中国交通枢纽的空间分布也日趋平衡。

（2）通过对交通枢纽空间溢出效应的理论分析，发现交通枢纽综合性能的改善可以提高交通网络效率、增加交通区位优势、改变区域空间形态，从而对空间溢出效应会产生直接的影响，同时这 3 个方面的改变还会产生集聚效应和扩散效应，进而间接影响空间溢出效应，而空间溢出效应会进一步影响区域经济发展，不断发展的区域经济又对交通枢纽的综合性能提出了新的要求，这种引致需求会导致交通枢纽性能的继续改进，产生了交通枢纽空间溢出效应的循环强化机制。理论分析结果表明：大多交通枢纽相较于周围区域拥有更高的市场潜能，因此在交通枢纽处更容易形成城市，不过交通枢纽的快速发展有可能使周围区域的发展速度放慢，甚至引发衰退；随着交通枢纽综合性能的提高，交通枢纽能够连接的交通线路越来越多，交通枢纽对于周围区域经济发展的影响也会愈加明显；交通枢纽的发展过程可以分为初始期、集聚期、扩散期和成熟期，随着交通枢纽发展水平的不断提高，其空间溢出效应将呈现出“集聚—扩散—动态均衡”的变化规律。

（3）通过实证分析中国交通枢纽对城市经济产出的空间溢出效应，得到以下结果：中国不同等级的交通枢纽都对当地经济发展有显著的促进作用，并且促进作用大小按照全国性交通枢纽、区域性交通枢纽、地区性交通枢纽依次排列；中国交通枢纽的空间溢出效应在 200 km 左右的范围内表现最为显著，且各类交通枢纽都有正的空间溢出效应，从空间溢出效应的大小看，全国性交通枢纽最大，区域性交通枢纽次之，地区性交通枢纽最小，但是全国性交通枢纽与区域性交通枢纽的差距不大，两者皆远大于地区性交通枢纽；东、中、西部交通枢纽的空间溢出效应差异明显，东部和中部地区各类交通枢纽都有显著的正向空间溢出效应，而且交通枢纽的功能等级越高，空间溢出效应越大，西部地区交通枢纽的空间溢出效应并不显著，地区性交通枢纽甚至有负向的空间溢出效应；东部地区交通枢纽的空间溢出效应要大于全国平均水平，特别是全国性交通枢纽的空间溢出效应尤为明显，处于交通枢纽发展阶段中的扩散期；中部地区空间溢出效应最为显著的是区域性交通枢纽，地区性交通枢纽的空间溢出效应则要大于东部地区，也处于扩散期，不过发展阶段低于东部地区；西部地区的交通枢纽发展水平较为落后，还处于交通枢纽发展阶段中的集聚期。

（4）通过实证分析中国交通枢纽对城市劳动生产率的影响，得到以下结果：不同的交通枢纽对于城市劳动生产率的影响有显著的不同，全国性交通枢纽只对第三产业有显著的正向影响，对第二产业和非农产业的影响不显著，区域性交通枢纽和地区性交通枢纽对所有产业的劳动生产率都有显著的正向影响，而且区域性交通枢纽的促进作用要大于地区性的交通枢纽；全国性交通枢纽和区域性交通枢纽都对周围城市有显著的正向空间溢出效应，不过这两者的空间溢出效应都主要集中在第二产业，而对第三产业无显著的影响，地区性交通枢纽则对周围城市的二、三产业都有显著的正向空间溢出效应，从影响大小看，全国性交通枢纽和区域性交通枢纽对第二产业的影响差距不大，不过都高过地区性交通枢纽；就业人口密度对本地的劳动生产率有显著的正向影响，但对周围城市的劳动生产率却显示出显著的负向空间溢出效应，不过这种影响主要集中于第二产业，对第三产业并无明显的空间溢出效应，人力资本则是只对本地的劳动生产率产生显著的正向影响，并无明显的空间溢出效应。

第二节 政策启示

1. 注重交通枢纽的梯度建设

中国东、中、西部地区交通枢纽的空间溢出效应具有明显差异，考虑到目前中国不同区域的经济发展情况和高等级交通枢纽的建设难度，在继续推进各类交通枢纽规划建设的时候，不能盲目地建设高等级交通枢纽，需要根据不同区域的实际情况，注重对交通枢纽的梯度建设。东部地区经济发展情况良好，基础设施完善，各类交通枢纽都可以发挥出很好的作用，所以应该在东部地区大力发展各类交通枢纽努力打造全国性交通枢纽，特别是如果可以在京津冀地区、长三角地区和珠三角地区这 3 个区域之外打造出几个全国性交通枢纽，如青岛、福州等重要港口，就可以使中国经济出现新的增长极，带动区域乃至全国的经济发展。中部地区交通枢纽虽然具有正的空间溢出效应，但是溢出效应小于东部乃至全国的平均水平，所以中部地区需要加强交通网络的建设，扩大交通基础设施的覆盖面，提高交通枢纽的顺畅连接程度。同时考虑到中部地区明明有连接东西的地理优势，却缺乏全国性交通枢纽的情况，中部地区还应加强高等级交通枢纽的建设，努力将武汉、郑州、长沙等拥有良好交通区位优势的城市建设成全国性的交通枢纽，疏通东部和西部地区的人员货物往来，带动中部地区的整体发展。西部地区由于经济和基础设施建设比较落后，地区性交通枢纽几乎发挥不出其溢出效应，如果一味建设高等级交通枢纽可能会带来区域发展更加不平衡的后果，所以西部地区的交通枢纽更应该注重其衔接转换能力的建设，完善交通的骨干网络，以点带面，依靠重庆、成都、西安等节点城市拉动区域经济的共同发展。

2. 推动建设市域交通系统

交通枢纽临近区域如果处理不好与交通枢纽之间的关系，很容易由于距离太近而受到强烈的集聚效应影响，特别是在区域内核心交通枢纽周围时，更容易受到明显的负向空间溢出效应，比较极端的情况就是“环首都贫困带”这种例子。从长三角地区和珠三角地区的发展情况来看，解决这种情况最好的办法就是让临近地区加强与交通枢纽的联系，产生和交通枢纽的同城效应，做到产业协调分工，搭上交通枢纽经济发展的便车实现自身经济的发展。实现这种想法需要加强周围区域与交通枢纽的交通联系，对于人口密集、高速公路拥挤的东部发达都市圈而言，最好的办法就是建设市郊铁路系统，利用市郊铁路运能大、速度快、造价低、环保的优势快速拉近交通枢纽与周围区域的距离，增加交通枢纽与周围区域之间的社会和经济活动。当然，对于中西部的一些交通枢纽而言，还没有与周围城市完善的高速路网连接，周围区域的人口数量和密度也不是很高，此时的建设重点就应该是完善交通枢纽与周围区域的高速路网，从而带动周围区域的经济发展。

3. 加强与城市群协调发展

近年来中国不少交通枢纽的发展已经呈现出核心城市带动周围城市群共同发展的情况，在发展情况良好的东部地区，其人力资本也有显著的空间溢出效应，说明城市群是未来中国发展的一个趋势，这与国家新型城镇化规划中的很多设想是一致的。不过目前中国的城市群布局不尽合理，比较成型的只有京津冀、长江三角洲和珠江三角洲这 3 个城市群，其他的诸如长江中游城市群、成渝城市群、中原城市群等还处于蓬勃发展的阶段，而且在很多地区甚至都没有这种发展势头良好的城市群。除此之外，中国城市群内部分工协作不够，没有形成良好的产业集群，部分特大城市主城区人口压力偏大，而中小城市的潜力却没有得到充分发挥。接下来发展时需要利用交通枢纽的辐射带动能力，通过周围城市群的配套建设，发展适合当地的特色产业，加快区域内产业体系的形成，加强城市间的良性互动，提高集群的效率，从而推动区域经济的发展。同时，交通枢纽和城市群的协调发展对于正在建设的“一带一路”来说也有重要意义，西北、东北和西南等地区是中国参与丝绸之路经济带的重要地区，由于这些地区经济发展比较落后，缺乏发展良好的城市群，对于这些地区而言，通过建设丝绸之路经济带上的重要交通枢纽，与城市群协调发展，形成商贸物流、文化科技的中心，将原本在内陆的偏远地区打造成改革开放的新高地，将是区域经济快速发展的重要契机。

4. 推进综合交通体系建设

不同地区交通枢纽的空间溢出效应具有明显差异的另一个重要原因就是综合交通体系建设的不完善，中西部很多地区的交通骨干网络建设相比东部并没有落后太多，在国家公路网和铁路网的规划设计图中都有众多线路经过中西部地区，但是在各种运输方式的合理衔接和协调布局上与东部发达地区有很大的差距，这就导致不同运输方式难以进行合理分工协作和有效的衔接配套，降低了交通运输系统的整体效率。此外，在城市群建设过程中，还出现了很多行政上的限制，不同城市之间的规划互不联系，无法聚团形成合力，交通枢纽周围的城市也白白浪费了交通枢纽巨大的空间溢出效应，因此需要打破行政边界，合理布局交通基础设施，做到交通设施的共建和共享，加强支线交通与干线交通，不同交通方式之间的连接。特别是临近全国性交通枢纽的城市，应该努力将自己的发展规划与交通枢纽对接，努力形成同城效应，从而减少交通枢纽对自身的集聚效应，提高扩散效应，促进区域经济的协调发展。

第三节　未来展望

本书利用集聚经济理论和经济地理理论为基础，通过分析中国交通枢纽的发展历程，提出了交通枢纽空间溢出效应的作用机理和传导路径，为分析中国交通枢纽的动态演化、空间分布演变、对厂商和劳动力的微观影响及与周围区域经济发展的互动关系提供了一个新的视角，丰富了关于中国交通枢纽与经济发展关系的经验研究，为中国交通枢纽下一步的建设发展过程提供了科学系统的理论依据。不过本书的研究也存在一定的不足，有待进一步完善，未来值得进行深入探索研究的主要有以下几个方面。

（1）基于篇幅和文章结构安排的限制，本书主要利用集聚经济和经济地理理论进行分析，不过交通枢纽与经济发展的关系还可以体现在交通网络的网络经济、规模经济等方面，城市集聚经济的影响也包括知识溢出、劳动力市场等方面。下一步的研究可以使用更多的理论来探讨，从而更加全面地了解交通枢纽与经济发展关系的微观基础，同时也能更深刻地理解交通枢纽在发展过程中通过集聚经济对周围区域经济社会发展的影响。

（2）本书对中国发展历程进行了梳理分析，总结了不同阶段的发展特点及整体的发展规律，对于历史发展的分析还只能算一个简要的回顾总结，如果要细致地分析每一个时代中国交通枢纽发展的具体情况和发展变化的详细原因，还需要对历史文献进行进一步的详细分析，从而进行详细的探讨。此外，本书对交通枢纽进行测度时使用了聚类分析的方法，这种较为粗略的分类方法是基于中国目前没有非常客观的打分评价交通枢纽的基础上，如果可能，未来应该像对不同城市竞争力进行打分排名那样，对交通枢纽进行打分分类，然后每年不断修正得到公正科学的评价体系，从而为交通枢纽的分类提供更为详细的依据。

（3）本书在集聚经济理论和经济地理理论既有研究的基础上，提出了交通枢纽空间溢出效应的作用机理和传导路径，但本书的研究主要从宏观经济或区域经济等视角切入，交通枢纽对于区域经济发展的作用机理还可以进一步细化，考虑不同类型、不同环境、不同结构等情况下，交通枢纽对区域经济发展的影响，如区分港口型枢纽与内陆型枢纽，或者区分物流集散中心与物流通道节点城市等，从而更加深入地进行理论分析。

（4）在实证研究的过程中虽然本书已经分东、中、西部考察了中国不同地区交通枢纽空间溢出效应的不同，但随着中国近年来“走出去”战略，特别是“一带一路”倡仪的提出，对沿线交通枢纽进行分析讨论时，如何将国外的交通枢纽及沿线地区的经济发展纳入考虑范围就值得深入研究。此外，本书在计算空间溢出效应时只能计算出某一类交通枢纽的空间溢出效应，如果未来空间计量模型可以进一步发展，可以计算出具体某一个交通枢纽的空间溢出效应，也会使得研究结果更具有针对性和实践意义，能够让各个交通枢纽认清自身的情况，制订适合自己的发展规划。

附录A

表 A－1 为2003 年中国地级市及以上城市的交通枢纽等级。

表 A－1　2003 年中国地级市及以上城市的交通枢纽等级

交通枢纽类型	城市名称
全国性交通枢纽	上海、北京、广州、深圳
区域性交通枢纽	天津、重庆、长春、成都、济南、烟台、青岛、佛山、南京、无锡、苏州、唐山、石家庄、宁波、杭州、武汉、泉州、福州、大连、沈阳、哈尔滨、温州、大庆
地区性交通枢纽	东莞、南通、郑州、长沙、西安、昆明、包头、吉林、合肥、东营、临沂、威海、德州、泰安、济宁、淄博、潍坊、太原、中山、惠州、江门、湛江、茂名、南宁、常州、徐州、扬州、泰州、盐城、镇江、南昌、保定、沧州、邯郸、南阳、洛阳、台州、嘉兴、绍兴、金华、宜昌、襄樊、岳阳、常德、厦门、漳州、鞍山、揭阳、汕头、珠海、廊坊、邢台、湖州、兰州
普通城市	呼和浩特、鄂尔多斯、芜湖、滨州、聊城、菏泽、柳州、乌鲁木齐、淮安、株洲、衡阳、贵阳、榆林、临沧、丽江、保山、昭通、普洱、曲靖、玉溪、乌兰察布、乌海、呼伦贝尔、巴彦淖尔、赤峰、通辽、四平、松原、白城、白山、辽源、通化、乐山、内江、南充、宜宾、巴中、广元、广安、德阳、攀枝花、泸州、眉山、绵阳、自贡、资阳、达州、遂宁、雅安、吴忠、固原、石嘴山、银川、亳州、六安、安庆、宣城、宿州、池州、淮北、淮南、滁州、蚌埠、铜陵、阜阳、马鞍山、黄山、日照、枣庄、莱芜、临汾、吕梁、大同、忻州、晋中、晋城、朔州、运城、长治、阳泉、云浮、梅州、汕尾、河源、清远、潮州、肇庆、阳江、韶关、北海、崇左、来宾、桂林、梧州、河池、玉林、百色、贵港、贺州、钦州、防城港、克拉玛依、宿迁、连云港、上饶、九江、吉安、宜春、抚州、新余、景德镇、萍乡、赣州、鹰潭、张家口、承德、秦皇岛、衡水、三门峡、信阳、周口、商丘、安阳、平顶山、开封、新乡、

续表

交通枢纽类型	城市名称
普通城市	漯河、濮阳、焦作、许昌、驻马店、鹤壁、丽水、舟山、衢州、三亚、海口、十堰、咸宁、孝感、荆州、荆门、鄂州、随州、黄冈、黄石、娄底、张家界、怀化、永州、湘潭、益阳、邵阳、郴州、嘉峪关、天水、定西、平凉、庆阳、张掖、武威、白银、酒泉、金昌、陇南、三明、南平、宁德、莆田、龙岩、六盘水、安顺、遵义、丹东、抚顺、朝阳、本溪、盘锦、营口、葫芦岛、辽阳、铁岭、锦州、阜新、咸阳、商洛、安康、宝鸡、延安、汉中、渭南、铜川、西宁、七台河、伊春、佳木斯、双鸭山、牡丹江、绥化、鸡西、鹤岗、黑河、齐齐哈尔

表A-2为2004年中国地级市及以上城市的交通枢纽等级。

表A-2 2004年中国地级市及以上城市的交通枢纽等级

交通枢纽类型	城市名称
全国性交通枢纽	上海、北京、广州、深圳
区域性交通枢纽	天津、重庆、长春、成都、济南、烟台、青岛、佛山、南京、无锡、苏州、唐山、石家庄、宁波、杭州、武汉、泉州、福州、大连、沈阳、哈尔滨、温州、郑州
地区性交通枢纽	大庆、东莞、南通、长沙、西安、昆明、包头、吉林、合肥、东营、临沂、威海、德州、泰安、济宁、淄博、潍坊、太原、中山、惠州、江门、湛江、茂名、常州、徐州、扬州、泰州、盐城、镇江、南昌、保定、沧州、邯郸、南阳、洛阳、台州、嘉兴、绍兴、金华、宜昌、岳阳、厦门、漳州、鞍山、汕头、廊坊、邢台、湖州
普通城市	南宁、襄樊、常德、揭阳、珠海、兰州、呼和浩特、鄂尔多斯、芜湖、滨州、聊城、菏泽、柳州、乌鲁木齐、淮安、株洲、衡阳、贵阳、榆林、临沧、丽江、保山、昭通、普洱、曲靖、玉溪、乌兰察布、乌海、呼伦贝尔、巴彦淖尔、赤峰、通辽、四平、松原、白城、白山、辽源、通化、乐山、内江、南充、宜宾、巴中、广元、广安、德阳、攀枝花、泸州、眉山、绵阳、自贡、资阳、达州、遂宁、雅安、吴忠、固原、石嘴山、银川、亳州、六安、安庆、宣城、宿州、池州、淮北、淮南、滁州、蚌埠、铜陵、阜阳、马鞍山、黄山、日照、枣庄、莱芜、临汾、吕梁、大同、忻州、晋中、晋城、朔州、运城、长治、阳泉、云浮、梅州、汕尾、河源、清远、潮州、肇庆、阳江、韶关、北海、崇左、来宾、桂林、梧州、河池、玉林、百色、贵港、贺州、钦州、防城港、克拉玛依、宿迁、连云港、上饶、九江、吉安、宜春、抚州、新余、景德镇、萍乡、赣州、鹰潭、张家口、承德、秦皇岛、衡水、三门峡、信阳、周口、商丘、安阳、平顶山、开封、新乡、漯河、濮阳、焦作、许昌、驻马店、鹤壁、丽水、舟山、衢州、三亚、海口、十堰、咸宁、孝感、荆州、荆门、鄂州、随州、黄冈、黄石、娄底、张家

续表

交通枢纽类型	城市名称
普通城市	界、怀化、永州、湘潭、益阳、邵阳、郴州、嘉峪关、天水、定西、平凉、庆阳、张掖、武威、白银、酒泉、金昌、陇南、三明、南平、宁德、莆田、龙岩、六盘水、安顺、遵义、丹东、抚顺、朝阳、本溪、盘锦、营口、葫芦岛、辽阳、铁岭、锦州、阜新、咸阳、商洛、安康、宝鸡、延安、汉中、渭南、铜川、西宁、七台河、伊春、佳木斯、双鸭山、牡丹江、绥化、鸡西、鹤岗、黑河、齐齐哈尔

表 A－3 为 2005 年中国地级市及以上城市的交通枢纽等级。

表 A－3　2005 年中国地级市及以上城市的交通枢纽等级

交通枢纽类型	城市名称
全国性交通枢纽	上海、北京、广州、深圳、天津
区域性交通枢纽	重庆、长春、成都、济南、烟台、青岛、佛山、南京、无锡、苏州、唐山、石家庄、宁波、杭州、武汉、泉州、福州、大连、沈阳、哈尔滨、温州、郑州、大庆、东莞、南通、长沙、淄博、潍坊、常州、绍兴
地区性交通枢纽	西安、昆明、包头、吉林、合肥、东营、临沂、威海、德州、泰安、济宁、太原、中山、惠州、江门、茂名、徐州、扬州、泰州、盐城、镇江、南昌、保定、沧州、邯郸、南阳、洛阳、台州、嘉兴、金华、宜昌、岳阳、厦门、鞍山、汕头、廊坊、邢台、湖州、南宁、珠海、呼和浩特、滨州、聊城、枣庄、平顶山、焦作、许昌
普通城市	湛江、漳州、襄樊、常德、揭阳、兰州、鄂尔多斯、芜湖、菏泽、柳州、乌鲁木齐、淮安、株洲、衡阳、贵阳、榆林、临沧、丽江、保山、昭通、普洱、曲靖、玉溪、乌兰察布、乌海、呼伦贝尔、巴彦淖尔、赤峰、通辽、四平、松原、白城、白山、辽源、通化、乐山、内江、南充、宜宾、巴中、广元、广安、德阳、攀枝花、泸州、眉山、绵阳、自贡、资阳、达州、遂宁、雅安、吴忠、固原、石嘴山、银川、亳州、六安、安庆、宣城、宿州、池州、淮北、淮南、滁州、蚌埠、铜陵、阜阳、马鞍山、黄山、日照、莱芜、临汾、吕梁、大同、忻州、晋中、晋城、朔州、运城、长治、阳泉、云浮、梅州、汕尾、河源、清远、潮州、肇庆、阳江、韶关、北海、崇左、来宾、桂林、梧州、河池、玉林、百色、贵港、贺州、钦州、防城港、克拉玛依、宿迁、连云港、上饶、九江、吉安、宜春、抚州、新余、景德镇、萍乡、赣州、鹰潭、张家口、承德、秦皇岛、衡水、三门峡、信阳、周口、商丘、安阳、开封、新乡、漯河、濮阳、驻马店、鹤壁、丽水、舟山、衢州、三亚、海口、十堰、咸宁、孝感、荆州、荆门、鄂州、随州、黄冈、黄石、娄底、张家界、怀化、永州、湘潭、益阳、邵阳、郴州、嘉峪关、天水、定西、平凉、庆阳、张掖、武威、白银、酒泉、金昌、陇南、三明、南平、宁德、莆田、龙岩、六盘水、安顺、遵义、丹东、抚顺、朝阳、本溪、盘锦、营口、葫芦岛、辽阳、铁岭、锦州、阜新、咸阳、商洛、安康、宝鸡、延安、汉中、渭南、铜川、西宁、七台河、伊春、佳木斯、双鸭山、牡丹江、绥化、鸡西、鹤岗、黑河、齐齐哈尔

表 A－4 为 2006 年中国地级市及以上城市的交通枢纽等级。

表 A－4　2006 年中国地级市及以上城市的交通枢纽等级

交通枢纽类型	城市名称
全国性交通枢纽	上海、北京、广州、深圳
区域性交通枢纽	天津、重庆、成都、济南、烟台、青岛、佛山、南京、无锡、苏州、唐山、宁波、杭州、武汉、大连、沈阳、东莞
地区性交通枢纽	长春、石家庄、泉州、福州、哈尔滨、温州、郑州、大庆、南通、长沙、淄博、潍坊、常州、绍兴、西安、昆明、包头、合肥、东营、临沂、威海、德州、泰安、济宁、太原、中山、惠州、江门、徐州、扬州、泰州、盐城、镇江、南昌、保定、沧州、邯郸、南阳、洛阳、台州、嘉兴、金华、厦门、鞍山
普通城市	吉林、茂名、宜昌、岳阳、汕头、廊坊、邢台、湖州、南宁、珠海、呼和浩特、滨州、聊城、枣庄、平顶山、焦作、许昌、湛江、漳州、襄樊、常德、揭阳、兰州、鄂尔多斯、芜湖、菏泽、柳州、乌鲁木齐、淮安、株洲、衡阳、贵阳、榆林、临沧、丽江、保山、昭通、普洱、曲靖、玉溪、乌兰察布、乌海、呼伦贝尔、巴彦淖尔、赤峰、通辽、四平、松原、白城、白山、辽源、通化、乐山、内江、南充、宜宾、巴中、广元、广安、德阳、攀枝花、泸州、眉山、绵阳、自贡、资阳、达州、遂宁、雅安、吴忠、固原、石嘴山、银川、亳州、六安、安庆、宣城、宿州、池州、淮北、淮南、滁州、蚌埠、铜陵、阜阳、马鞍山、黄山、日照、莱芜、临汾、吕梁、大同、忻州、晋中、晋城、朔州、运城、长治、阳泉、云浮、梅州、汕尾、河源、清远、潮州、肇庆、阳江、韶关、北海、崇左、来宾、桂林、梧州、河池、玉林、百色、贵港、贺州、钦州、防城港、克拉玛依、宿迁、连云港、上饶、九江、吉安、宜春、抚州、新余、景德镇、萍乡、赣州、鹰潭、张家口、承德、秦皇岛、衡水、三门峡、信阳、周口、商丘、安阳、开封、新乡、漯河、濮阳、驻马店、鹤壁、丽水、舟山、衢州、三亚、海口、十堰、咸宁、孝感、荆州、荆门、鄂州、随州、黄冈、黄石、娄底、张家界、怀化、永州、湘潭、益阳、邵阳、郴州、嘉峪关、天水、定西、平凉、庆阳、张掖、武威、白银、酒泉、金昌、陇南、三明、南平、宁德、莆田、龙岩、六盘水、安顺、遵义、丹东、抚顺、朝阳、本溪、盘锦、营口、葫芦岛、辽阳、铁岭、锦州、阜新、咸阳、商洛、安康、宝鸡、延安、汉中、渭南、铜川、西宁、七台河、伊春、佳木斯、双鸭山、牡丹江、绥化、鸡西、鹤岗、黑河、齐齐哈尔

表 A－5 为 2007 年中国地级市及以上城市的交通枢纽等级。

表 A－5　2007 年中国地级市及以上城市的交通枢纽等级

交通枢纽类型	城市名称
全国性交通枢纽	上海、北京、广州、深圳
区域性交通枢纽	天津、重庆、成都、济南、烟台、青岛、佛山、南京、无锡、苏州、唐山、宁波、杭州、武汉、大连、沈阳、东莞、郑州
地区性交通枢纽	长春、石家庄、泉州、福州、哈尔滨、温州、大庆、南通、长沙、淄博、潍坊、常州、绍兴、西安、昆明、包头、合肥、东营、临沂、威海、德州、泰安、济宁、太原、中山、惠州、江门、徐州、扬州、泰州、盐城、镇江、南昌、保定、沧州、邯郸、南阳、洛阳、台州、嘉兴、金华、厦门、鞍山
普通城市	吉林、南宁、呼和浩特、滨州、聊城、鄂尔多斯、茂名、宜昌、岳阳、汕头、廊坊、邢台、湖州、珠海、枣庄、平顶山、焦作、许昌、湛江、漳州、襄樊、常德、揭阳、兰州、芜湖、菏泽、柳州、乌鲁木齐、淮安、株洲、衡阳、贵阳、榆林、临沧、丽江、保山、昭通、普洱、曲靖、玉溪、乌兰察布、乌海、呼伦贝尔、巴彦淖尔、赤峰、通辽、四平、松原、白城、白山、辽源、通化、乐山、内江、南充、宜宾、巴中、广元、广安、德阳、攀枝花、泸州、眉山、绵阳、自贡、资阳、达州、遂宁、雅安、吴忠、固原、石嘴山、银川、亳州、六安、安庆、宣城、宿州、池州、淮北、淮南、滁州、蚌埠、铜陵、阜阳、马鞍山、黄山、日照、莱芜、临汾、吕梁、大同、忻州、晋中、晋城、朔州、运城、长治、阳泉、云浮、梅州、汕尾、河源、清远、潮州、肇庆、阳江、韶关、北海、崇左、来宾、桂林、梧州、河池、玉林、百色、贵港、贺州、钦州、防城港、克拉玛依、宿迁、连云港、上饶、九江、吉安、宜春、抚州、新余、景德镇、萍乡、赣州、鹰潭、张家口、承德、秦皇岛、衡水、三门峡、信阳、周口、商丘、安阳、开封、新乡、漯河、濮阳、驻马店、鹤壁、丽水、舟山、衢州、三亚、海口、十堰、咸宁、孝感、荆州、荆门、鄂州、随州、黄冈、黄石、娄底、张家界、怀化、永州、湘潭、益阳、邵阳、郴州、嘉峪关、天水、定西、平凉、庆阳、张掖、武威、白银、酒泉、金昌、陇南、三明、南平、宁德、莆田、龙岩、六盘水、安顺、遵义、丹东、抚顺、朝阳、本溪、盘锦、营口、葫芦岛、辽阳、铁岭、锦州、阜新、咸阳、商洛、安康、宝鸡、延安、汉中、渭南、铜川、西宁、七台河、伊春、佳木斯、双鸭山、牡丹江、绥化、鸡西、鹤岗、黑河、齐齐哈尔

表 A－6 为 2008 年中国地级市及以上城市的交通枢纽等级。

表 A－6　2008 年中国地级市及以上城市的交通枢纽等级

交通枢纽类型	城市名称
全国性交通枢纽	上海、北京、广州、深圳、天津
区域性交通枢纽	重庆、成都、济南、烟台、青岛、佛山、南京、无锡、苏州、唐山、宁波、杭州、武汉、大连、沈阳、东莞、郑州、石家庄、泉州、哈尔滨、长沙

续表

交通枢纽类型	城市名称
地区性交通枢纽	重庆、成都、济南、烟台、青岛、佛山、南京、无锡、苏州、唐山、宁波、杭州、武汉、大连、沈阳、东莞、郑州、石家庄、泉州、哈尔滨、长沙、长春、福州、温州、大庆、南通、淄博、潍坊、常州、绍兴、西安、昆明、包头、合肥、东营、临沂、威海、德州、泰安、济宁、太原、中山、惠州、江门、徐州、扬州、泰州、盐城、镇江、南昌、保定、沧州、邯郸、南阳、洛阳、台州、嘉兴、金华、厦门、鞍山、吉林、南宁、呼和浩特、滨州、聊城、鄂尔多斯、茂名
普通城市	宜昌、岳阳、汕头、廊坊、邢台、湖州、珠海、枣庄、平顶山、焦作、许昌、湛江、漳州、襄樊、常德、揭阳、兰州、芜湖、菏泽、柳州、乌鲁木齐、淮安、株洲、衡阳、贵阳、榆林、临沧、丽江、保山、昭通、普洱、曲靖、玉溪、乌兰察布、乌海、呼伦贝尔、巴彦淖尔、赤峰、通辽、四平、松原、白城、白山、辽源、通化、乐山、内江、南充、宜宾、巴中、广元、广安、德阳、攀枝花、泸州、眉山、绵阳、自贡、资阳、达州、遂宁、雅安、吴忠、固原、石嘴山、银川、亳州、六安、安庆、宣城、宿州、池州、淮北、淮南、滁州、蚌埠、铜陵、阜阳、马鞍山、黄山、日照、莱芜、临汾、吕梁、大同、忻州、晋中、晋城、朔州、运城、长治、阳泉、云浮、梅州、汕尾、河源、清远、潮州、肇庆、阳江、韶关、北海、崇左、来宾、桂林、梧州、河池、玉林、百色、贵港、贺州、钦州、防城港、克拉玛依、宿迁、连云港、上饶、九江、吉安、宜春、抚州、新余、景德镇、萍乡、赣州、鹰潭、张家口、承德、秦皇岛、衡水、三门峡、信阳、周口、商丘、安阳、开封、新乡、漯河、濮阳、驻马店、鹤壁、丽水、舟山、衢州、三亚、海口、十堰、咸宁、孝感、荆州、荆门、鄂州、随州、黄冈、黄石、娄底、张家界、怀化、永州、湘潭、益阳、邵阳、郴州、嘉峪关、天水、定西、平凉、庆阳、张掖、武威、白银、酒泉、金昌、陇南、三明、南平、宁德、莆田、龙岩、六盘水、安顺、遵义、丹东、抚顺、朝阳、本溪、盘锦、营口、葫芦岛、辽阳、铁岭、锦州、阜新、咸阳、商洛、安康、宝鸡、延安、汉中、渭南、铜川、西宁、七台河、伊春、佳木斯、双鸭山、牡丹江、绥化、鸡西、鹤岗、黑河、齐齐哈尔

表 A－7 为 2009 年中国地级市及以上城市的交通枢纽等级。

表 A－7　2009 年中国地级市及以上城市的交通枢纽等级

交通枢纽类型	城市名称
全国性交通枢纽	上海、北京、广州、深圳、天津
区域性交通枢纽	重庆、成都、济南、烟台、青岛、佛山、南京、无锡、苏州、唐山、宁波、杭州、武汉、大连、沈阳、东莞、郑州、长沙

续表

交通枢纽类型	城市名称
地区性交通枢纽	石家庄、泉州、哈尔滨、长春、福州、温州、大庆、南通、淄博、潍坊、常州、绍兴、西安、昆明、包头、合肥、东营、临沂、威海、德州、泰安、济宁、太原、中山、惠州、江门、徐州、扬州、泰州、盐城、镇江、南昌、保定、沧州、邯郸、南阳、洛阳、台州、嘉兴、金华、厦门、鞍山、吉林、南宁、呼和浩特、滨州、聊城、鄂尔多斯
普通城市	茂名、宜昌、岳阳、汕头、廊坊、邢台、湖州、珠海、枣庄、平顶山、焦作、许昌、湛江、漳州、襄樊、常德、揭阳、兰州、芜湖、菏泽、柳州、乌鲁木齐、淮安、株洲、衡阳、贵阳、榆林、临沧、丽江、保山、昭通、普洱、曲靖、玉溪、乌兰察布、乌海、呼伦贝尔、巴彦淖尔、赤峰、通辽、四平、松原、白城、白山、辽源、通化、乐山、内江、南充、宜宾、巴中、广元、广安、德阳、攀枝花、泸州、眉山、绵阳、自贡、资阳、达州、遂宁、雅安、吴忠、固原、石嘴山、银川、亳州、六安、安庆、宣城、宿州、池州、淮北、淮南、滁州、蚌埠、铜陵、阜阳、马鞍山、黄山、日照、莱芜、临汾、吕梁、大同、忻州、晋中、晋城、朔州、运城、长治、阳泉、云浮、梅州、汕尾、河源、清远、潮州、肇庆、阳江、韶关、北海、崇左、来宾、桂林、梧州、河池、玉林、百色、贵港、贺州、钦州、防城港、克拉玛依、宿迁、连云港、上饶、九江、吉安、宜春、抚州、新余、景德镇、萍乡、赣州、鹰潭、张家口、承德、秦皇岛、衡水、三门峡、信阳、周口、商丘、安阳、开封、新乡、漯河、濮阳、驻马店、鹤壁、丽水、舟山、衢州、三亚、海口、十堰、咸宁、孝感、荆州、荆门、鄂州、随州、黄冈、黄石、娄底、张家界、怀化、永州、湘潭、益阳、邵阳、郴州、嘉峪关、天水、定西、平凉、庆阳、张掖、武威、白银、酒泉、金昌、陇南、三明、南平、宁德、莆田、龙岩、六盘水、安顺、遵义、丹东、抚顺、朝阳、本溪、盘锦、营口、葫芦岛、辽阳、铁岭、锦州、阜新、咸阳、商洛、安康、宝鸡、延安、汉中、渭南、铜川、西宁、七台河、伊春、佳木斯、双鸭山、牡丹江、绥化、鸡西、鹤岗、黑河、齐齐哈尔

表A－8为2010年中国地级市及以上城市的交通枢纽等级。

表A－8　2010年中国地级市及以上城市的交通枢纽等级

交通枢纽类型	城市名称
全国性交通枢纽	上海、北京、广州、深圳、天津、重庆
区域性交通枢纽	成都、济南、烟台、青岛、佛山、南京、无锡、苏州、唐山、宁波、杭州、武汉、大连、沈阳、东莞、郑州、长沙、泉州、哈尔滨

续表

交通枢纽类型	城市名称
地区性交通枢纽	石家庄、长春、福州、温州、大庆、南通、淄博、潍坊、常州、绍兴、西安、昆明、包头、合肥、东营、临沂、威海、德州、泰安、济宁、太原、中山、惠州、江门、徐州、扬州、泰州、盐城、镇江、南昌、保定、沧州、邯郸、南阳、洛阳、台州、嘉兴、金华、厦门、鞍山、吉林、南宁、呼和浩特、滨州、聊城、鄂尔多斯、宜昌、岳阳、襄樊、榆林
普通城市	茂名、汕头、廊坊、邢台、湖州、珠海、枣庄、平顶山、焦作、许昌、湛江、漳州、常德、揭阳、兰州、芜湖、菏泽、柳州、乌鲁木齐、淮安、株洲、衡阳、贵阳、临沧、丽江、保山、昭通、普洱、曲靖、玉溪、乌兰察布、乌海、呼伦贝尔、巴彦淖尔、赤峰、通辽、四平、松原、白城、白山、辽源、通化、乐山、内江、南充、宜宾、巴中、广元、广安、德阳、攀枝花、泸州、眉山、绵阳、自贡、资阳、达州、遂宁、雅安、吴忠、固原、石嘴山、银川、亳州、六安、安庆、宣城、宿州、池州、淮北、淮南、滁州、蚌埠、铜陵、阜阳、马鞍山、黄山、日照、莱芜、临汾、吕梁、大同、忻州、晋中、晋城、朔州、运城、长治、阳泉、云浮、梅州、汕尾、河源、清远、潮州、肇庆、阳江、韶关、北海、崇左、来宾、桂林、梧州、河池、玉林、百色、贵港、贺州、钦州、防城港、克拉玛依、宿迁、连云港、上饶、九江、吉安、宜春、抚州、新余、景德镇、萍乡、赣州、鹰潭、张家口、承德、秦皇岛、衡水、三门峡、信阳、周口、商丘、安阳、开封、新乡、漯河、濮阳、驻马店、鹤壁、丽水、舟山、衢州、三亚、海口、十堰、咸宁、孝感、荆州、荆门、鄂州、随州、黄冈、黄石、娄底、张家界、怀化、永州、湘潭、益阳、邵阳、郴州、嘉峪关、天水、定西、平凉、庆阳、张掖、武威、白银、酒泉、金昌、陇南、三明、南平、宁德、莆田、龙岩、六盘水、安顺、遵义、丹东、抚顺、朝阳、本溪、盘锦、营口、葫芦岛、辽阳、铁岭、锦州、阜新、咸阳、商洛、安康、宝鸡、延安、汉中、渭南、铜川、西宁、七台河、伊春、佳木斯、双鸭山、牡丹江、绥化、鸡西、鹤岗、黑河、齐齐哈尔

表 A－9 为 2011 年中国地级市及以上城市的交通枢纽等级。

表 A－9　2011 年中国地级市及以上城市的交通枢纽等级

交通枢纽类型	城市名称
全国性交通枢纽	上海、北京、广州、深圳、天津、重庆
区域性交通枢纽	成都、济南、烟台、青岛、佛山、南京、无锡、苏州、唐山、宁波、杭州、武汉、大连、沈阳、东莞、郑州、长沙、泉州

续表

交通枢纽类型	城市名称
地区性交通枢纽	哈尔滨、石家庄、长春、福州、温州、大庆、南通、淄博、潍坊、常州、绍兴、西安、昆明、包头、合肥、东营、临沂、威海、德州、泰安、济宁、太原、中山、惠州、江门、徐州、扬州、泰州、盐城、镇江、南昌、保定、沧州、邯郸、南阳、洛阳、台州、嘉兴、金华、厦门、鞍山、吉林、南宁、呼和浩特、滨州、聊城、鄂尔多斯、宜昌、岳阳、襄樊、榆林
普通城市	茂名、汕头、廊坊、邢台、湖州、珠海、枣庄、平顶山、焦作、许昌、湛江、漳州、常德、揭阳、兰州、芜湖、菏泽、柳州、乌鲁木齐、淮安、株洲、衡阳、贵阳、临沧、丽江、保山、昭通、普洱、曲靖、玉溪、乌兰察布、乌海、呼伦贝尔、巴彦淖尔、赤峰、通辽、四平、松原、白城、白山、辽源、通化、乐山、内江、南充、宜宾、巴中、广元、广安、德阳、攀枝花、泸州、眉山、绵阳、自贡、资阳、达州、遂宁、雅安、吴忠、固原、石嘴山、银川、亳州、六安、安庆、宣城、宿州、池州、淮北、淮南、滁州、蚌埠、铜陵、阜阳、马鞍山、黄山、日照、莱芜、临汾、吕梁、大同、忻州、晋中、晋城、朔州、运城、长治、阳泉、云浮、梅州、汕尾、河源、清远、潮州、肇庆、阳江、韶关、北海、崇左、来宾、桂林、梧州、河池、玉林、百色、贵港、贺州、钦州、防城港、克拉玛依、宿迁、连云港、上饶、九江、吉安、宜春、抚州、新余、景德镇、萍乡、赣州、鹰潭、张家口、承德、秦皇岛、衡水、三门峡、信阳、周口、商丘、安阳、开封、新乡、漯河、濮阳、驻马店、鹤壁、丽水、舟山、衢州、三亚、海口、十堰、咸宁、孝感、荆州、荆门、鄂州、随州、黄冈、黄石、娄底、张家界、怀化、永州、湘潭、益阳、邵阳、郴州、嘉峪关、天水、定西、平凉、庆阳、张掖、武威、白银、酒泉、金昌、陇南、三明、南平、宁德、莆田、龙岩、六盘水、安顺、遵义、丹东、抚顺、朝阳、本溪、盘锦、营口、葫芦岛、辽阳、铁岭、锦州、阜新、咸阳、商洛、安康、宝鸡、延安、汉中、渭南、铜川、西宁、七台河、伊春、佳木斯、双鸭山、牡丹江、绥化、鸡西、鹤岗、黑河、齐齐哈尔

表 A－10 为 2012 年中国地级市及以上城市的交通枢纽等级。

表 A－10　2012 年中国地级市及以上城市的交通枢纽等级

交通枢纽类型	城市名称
全国性交通枢纽	上海、北京、广州、深圳、天津、重庆
区域性交通枢纽	成都、济南、烟台、青岛、佛山、南京、无锡、苏州、唐山、宁波、杭州、武汉、大连、沈阳、东莞、郑州、长沙、泉州、哈尔滨、石家庄、长春、福州、南通、西安

续表

交通枢纽类型	城市名称
地区性交通枢纽	潍坊、常州、合肥、徐州、温州、大庆、淄博、绍兴、昆明、包头、东营、临沂、威海、德州、泰安、济宁、太原、中山、惠州、江门、扬州、泰州、盐城、镇江、南昌、保定、沧州、邯郸、南阳、洛阳、台州、嘉兴、金华、厦门、鞍山、吉林、南宁、呼和浩特、滨州、聊城、鄂尔多斯、宜昌、岳阳、襄樊、榆林、茂名、漳州、常德、芜湖、菏泽、柳州、乌鲁木齐、淮安、衡阳
普通城市	廊坊、湖州、枣庄、许昌、湛江、兰州、株洲、贵阳、连云港、周口、咸阳、汕头、邢台、珠海、平顶山、焦作、揭阳、临沧、丽江、保山、昭通、普洱、曲靖、玉溪、乌兰察布、乌海、呼伦贝尔、巴彦淖尔、赤峰、通辽、四平、松原、白城、白山、辽源、通化、乐山、内江、南充、宜宾、巴中、广元、广安、德阳、攀枝花、泸州、眉山、绵阳、自贡、资阳、达州、遂宁、雅安、吴忠、固原、石嘴山、银川、亳州、六安、安庆、宣城、宿州、池州、淮北、淮南、滁州、蚌埠、铜陵、阜阳、马鞍山、黄山、日照、莱芜、临汾、吕梁、大同、忻州、晋中、晋城、朔州、运城、长治、阳泉、云浮、梅州、汕尾、河源、清远、潮州、肇庆、阳江、韶关、北海、崇左、来宾、桂林、梧州、河池、玉林、百色、贵港、贺州、钦州、防城港、克拉玛依、宿迁、上饶、九江、吉安、宜春、抚州、新余、景德镇、萍乡、赣州、鹰潭、张家口、承德、秦皇岛、衡水、三门峡、信阳、商丘、安阳、开封、新乡、漯河、濮阳、驻马店、鹤壁、丽水、舟山、衢州、三亚、海口、十堰、咸宁、孝感、荆州、荆门、鄂州、随州、黄冈、黄石、娄底、张家界、怀化、永州、湘潭、益阳、邵阳、郴州、嘉峪关、天水、定西、平凉、庆阳、张掖、武威、白银、酒泉、金昌、陇南、三明、南平、宁德、莆田、龙岩、六盘水、安顺、遵义、丹东、抚顺、朝阳、本溪、盘锦、营口、葫芦岛、辽阳、铁岭、锦州、阜新、商洛、安康、宝鸡、延安、汉中、渭南、铜川、西宁、七台河、伊春、佳木斯、双鸭山、牡丹江、绥化、鸡西、鹤岗、黑河、齐齐哈尔

表 A－11 为 2013 年中国地级市及以上城市的交通枢纽等级。

表 A－11　2013 年中国地级市及以上城市的交通枢纽等级

交通枢纽类型	城市名称
全国性交通枢纽	上海、北京、广州、深圳、天津、重庆
区域性交通枢纽	成都、济南、烟台、青岛、佛山、南京、无锡、苏州、唐山、宁波、杭州、武汉、大连、沈阳、东莞、郑州、长沙、泉州、哈尔滨、石家庄、长春、福州、南通、西安

续表

交通枢纽类型	城市名称
地区性交通枢纽	潍坊、常州、合肥、徐州、温州、大庆、淄博、绍兴、昆明、包头、东营、临沂、威海、德州、泰安、济宁、太原、中山、惠州、江门、扬州、泰州、盐城、镇江、南昌、保定、沧州、邯郸、南阳、洛阳、台州、嘉兴、金华、厦门、鞍山、吉林、南宁、呼和浩特、滨州、聊城、鄂尔多斯、宜昌、岳阳、襄樊、榆林、茂名、漳州、常德、芜湖、菏泽、柳州、乌鲁木齐、淮安、衡阳、湛江、株洲、贵阳
普通城市	廊坊、湖州、枣庄、许昌、兰州、连云港、周口、咸阳、汕头、邢台、珠海、平顶山、焦作、揭阳、临沧、丽江、保山、昭通、普洱、曲靖、玉溪、乌兰察布、乌海、呼伦贝尔、巴彦淖尔、赤峰、通辽、四平、松原、白城、白山、辽源、通化、乐山、内江、南充、宜宾、巴中、广元、广安、德阳、攀枝花、泸州、眉山、绵阳、自贡、资阳、达州、遂宁、雅安、吴忠、固原、石嘴山、银川、亳州、六安、安庆、宣城、宿州、池州、淮北、淮南、滁州、蚌埠、铜陵、阜阳、马鞍山、黄山、日照、莱芜、临汾、吕梁、大同、忻州、晋中、晋城、朔州、运城、长治、阳泉、云浮、梅州、汕尾、河源、清远、潮州、肇庆、阳江、韶关、北海、崇左、来宾、桂林、梧州、河池、玉林、百色、贵港、贺州、钦州、防城港、克拉玛依、宿迁、上饶、九江、吉安、宜春、抚州、新余、景德镇、萍乡、赣州、鹰潭、张家口、承德、秦皇岛、衡水、三门峡、信阳、商丘、安阳、开封、新乡、漯河、濮阳、驻马店、鹤壁、丽水、舟山、衢州、三亚、海口、十堰、咸宁、孝感、荆州、荆门、鄂州、随州、黄冈、黄石、娄底、张家界、怀化、永州、湘潭、益阳、邵阳、郴州、嘉峪关、天水、定西、平凉、庆阳、张掖、武威、白银、酒泉、金昌、陇南、三明、南平、宁德、莆田、龙岩、六盘水、安顺、遵义、丹东、抚顺、朝阳、本溪、盘锦、营口、葫芦岛、辽阳、铁岭、锦州、阜新、商洛、安康、宝鸡、延安、汉中、渭南、铜川、西宁、七台河、伊春、佳木斯、双鸭山、牡丹江、绥化、鸡西、鹤岗、黑河、齐齐哈尔

表A－12为2014年中国地级市及以上城市的交通枢纽等级。

表A－12　2014年中国地级市及以上城市的交通枢纽等级

交通枢纽类型	城市名称
全国性交通枢纽	上海、北京、广州、深圳、天津、重庆
区域性交通枢纽	成都、济南、烟台、青岛、佛山、南京、无锡、苏州、唐山、宁波、杭州、武汉、大连、沈阳、东莞、郑州、长沙、泉州、哈尔滨、石家庄、长春、福州、南通、西安、潍坊、常州、合肥、徐州

续表

交通枢纽类型	城市名称
地区性交通枢纽	温州、大庆、淄博、绍兴、昆明、包头、东营、临沂、威海、德州、泰安、济宁、太原、中山、惠州、江门、扬州、泰州、盐城、镇江、南昌、保定、沧州、邯郸、南阳、洛阳、台州、嘉兴、金华、厦门、鞍山、吉林、南宁、呼和浩特、滨州、聊城、鄂尔多斯、宜昌、岳阳、襄樊、榆林、茂名、漳州、常德、芜湖、菏泽、柳州、乌鲁木齐、淮安、衡阳、湛江、株洲、贵阳、廊坊、湖州、枣庄、许昌、兰州、连云港、周口、咸阳
普通城市	汕头、邢台、珠海、平顶山、焦作、揭阳、临沧、丽江、保山、昭通、普洱、曲靖、玉溪、乌兰察布、乌海、呼伦贝尔、巴彦淖尔、赤峰、通辽、四平、松原、白城、白山、辽源、通化、乐山、内江、南充、宜宾、巴中、广元、广安、德阳、攀枝花、泸州、眉山、绵阳、自贡、资阳、达州、遂宁、雅安、吴忠、固原、石嘴山、银川、亳州、六安、安庆、宣城、宿州、池州、淮北、淮南、滁州、蚌埠、铜陵、阜阳、马鞍山、黄山、日照、莱芜、临汾、吕梁、大同、忻州、晋中、晋城、朔州、运城、长治、阳泉、云浮、梅州、汕尾、河源、清远、潮州、肇庆、阳江、韶关、北海、崇左、来宾、桂林、梧州、河池、玉林、百色、贵港、贺州、钦州、防城港、克拉玛依、宿迁、上饶、九江、吉安、宜春、抚州、新余、景德镇、萍乡、赣州、鹰潭、张家口、承德、秦皇岛、衡水、三门峡、信阳、商丘、安阳、开封、新乡、漯河、濮阳、驻马店、鹤壁、丽水、舟山、衢州、三亚、海口、十堰、咸宁、孝感、荆州、荆门、鄂州、随州、黄冈、黄石、娄底、张家界、怀化、永州、湘潭、益阳、邵阳、郴州、嘉峪关、天水、定西、平凉、庆阳、张掖、武威、白银、酒泉、金昌、陇南、三明、南平、宁德、莆田、龙岩、六盘水、安顺、遵义、丹东、抚顺、朝阳、本溪、盘锦、营口、葫芦岛、辽阳、铁岭、锦州、阜新、商洛、安康、宝鸡、延安、汉中、渭南、铜川、西宁、七台河、伊春、佳木斯、双鸭山、牡丹江、绥化、鸡西、鹤岗、黑河、齐齐哈尔

参考文献

[1] 荣朝和．交通-物流时间价值及其在经济时空分析中的作用[J]．经济研究，2011（8）：133－146.

[2] FUJITA M, MORI T. The role of ports in the making of major cities: Self-agglomeration and hub-effect[J]. Journal of development economics, 1996, 49（1）: 93－120.

[3] DAVIS D R, WEINSTEIN D E. Bones, bombs, and break points: the geography of economic activity [J]. The American economic review, 2002, 92（5）: 1269－1289.

[4] GALLUP J L, SACHS J D, MELLINGER A D. Geography and economic development [J]. International regional science review, 1999, 22（2）: 179－232.

[5] FUJITA M, KRUGMAN P R, VENABLES A J. The spatial economy: Cities, regions, and international trade [M]. Cambridge: The MIT press, 1999.

[6] BLEAKLEY H, LIN J. Portage and Path Dependence [J]. The quarterly journal of economics, 2012, 127（2）: 587－644.

[7] 丁金学，金凤君，王成金，等．中国交通枢纽空间布局的评价、优化与模拟[J]．地理学报，2011，66（4）：504－514.

[8] 杜彩军，董宝田．铁路枢纽城市运输与经济发展互动研究[J]．综合运输，2006，13（Z1）：105－108.

[9] GLAESER E L. Agglomerationeconomics [M]. Chicago: University of Chicago press, 2010.

[10] DE LA BLACHE P V. Principes de géographie humaine: Publiés d'après les manuscrits de l'auteur par Emmanuel de Martonne [M]. Lyon: ENS éditions, 2015.

[11] MARSHALL A. Principles of economics [M]. New York: Cosimo, Inc., 2009.

[12] WEBER A, Friedrich C J. Theory of the Location of Industries [M]. Chicago: University of Chicago press, 1962.

[13] OHLIN B. Interregional and international trade [M]. Cambridge: Harvard university press, 1935.

[14] HOOVER E M. Location theory and the shoe leatherindustries [M]. Cambridge: Harvard university press, 1937.

[15] BOYDEN T C. Location and space-economy [J]. The journal of economic history, 1958, 18 (1) 108－110.

[16] JACOBS J. economy of cities [M]. London: Jonathan Cape Ltd, 1970.

[17] KRUGMAN P. Increasing returns and economic geography [J]. Journal of political economy, 1991, 99 (3): 483－499.

[18] MURATA Y, THISSE J F. A simple model of economic geography à la Helpman-Tabuchi [J]. Journal of Urban Economics, 2005, 58 (1): 137－155.

[19] COMBES P, MAYER T, THISSE J F. Economic geography: The integration of regions and nations [M]. Princeton: Princeton university press, 2008.

[20] DURANTON G, PUGA D. Micro-foundations of urban agglomeration

economies// HENDERSON, V., THISSE, J. F. Handbook of regional and urban economics [M]. Amsterdam: Elsevier, 2004: 2063-2117.

[21] ROSENTHAL S S, STRANGE W C. Evidence on the nature and sources of agglomeration economies [M] // HENDERSON, V., THISSE, J. F. Hand book of regional and urban economics. Amsterdam: Elsevier, 2004: 2119-2171.

[22] ELLISON G, GLAESER E L. The geographic concentration of industry: does natural advantage explain agglomeration? [J]. The American Economic Review, 1999, 89 (2): 311-316.

[23] ROOS M W. How important is geography for agglomeration? [J]. Journal of Economic Geography, 2005, 5 (5): 605-620.

[24] HOLMES T J. Localization of industry and vertical disintegration [J]. Review of Economics and Statistics, 1999, 81 (2): 314-325.

[25] HELSLEY R W, STRANGE W C. Innovation and input sharing [J]. Journal of Urban Economics, 2002, 51 (1): 25-45.

[26] DIAMOND C A, SIMON C J. Industrial specialization and the returns to labor [J]. Journal of Labor Economics, 1990, 8 (2): 175-201.

[27] OVERMAN H G, PUGA D. Labor pooling as a source of agglomeration: An empirical investigation//GLAESER, E. L. Agglomeration economics [M]. Chicago: University of Chicago press, 2010: 133-150.

[28] JAFFE A B, TRAJTENBERG M, HENDERSON R. Geographic localization of knowledge spillovers as evidenced by patent citations [J]. the Quarterly journal of Economics, 1993, 108 (3): 577-598.

[29] KEILBACH M. Spatial knowledge spillovers and the dynamics of agglomeration and regional growth// KEILBACH M. Spatial knowledge spillovers and the dynamics of agglomeration and regional growth [M]. Heidelberg: Physica, 2000: 61-81.

[30] VARGA A, SCHALK H. Knowledge spillovers, agglomeration and macroeconomic growth: An empirical approach [J]. Regional Studies, 2004, 38 (8): 977-989.

[31] DAVIS D R. The home market, trade, and industrial structure [J]. The American Economic Review, 1998, 88 (5): 1264-1276.

[32] HEAD K, MAYER T, RIES J. On the pervasiveness of home market effects [J]. Economica, 2002, 69 (275): 371-390.

[33] GLAESER E L, KOLKO J, SAIZ A. Consumer city [J]. Journal of economic geography, 2001, 1 (1): 27-50.

[34] WALDFOGEL J. Preference Externalities: An Empirical Study of Who Benefits Whom in Differentiated-Product Markets [J]. The RAND Journal of Economics, 2003, 34 (3): 557-568.

[35] GLAZER A, GRADSTEIN M, RANJAN P. Consumption variety and urban agglomeration [J]. Regional science and urban economics, 2003, 33 (6): 653-661.

[36] ADES A F, GLAESER E L. Trade and circuses: explaining urban giants [J]. The quarterly journal of economics, 1995, 110 (1): 195-227.

[37] HENDERSON V. The urbanization process and economic growth: The so-what question [J]. Journal of economic growth, 2003, 8 (1): 47-71.

[38] ROSENTHAL S S, STRANGE W C. The determinants of agglomeration [J]. Journal of urban economics, 2001, 50

(2): 191 - 229.

[39] AUDRETSCH D B, FELDMAN M P. R&D spillovers and the geography of innovation and production [J]. The American economic review, 1996, 86 (3): 630 - 640.

[40] HEAD K, MAYER T. The empirics of agglomeration and trade//Handbook of regional and urban ecouomics [M]. Amsterdam: Elsevier, 2004 (4): 2609 - 2669.

[41] ELLISON G, GLAESER E L, KERR W R. What causes industry agglomeration? Evidence from coagglomeration patterns [J]. The American economic review, 2010, 100 (3): 1195 - 1213.

[42] EBERTS R W, MCMILLEN D P. Agglomeration economies and urban public infrastructure//Handbook of regional and urban ecouomics [M]. Amsterdam: Elsevier, 1999: 1455 - 1495.

[43] RICE P, VENABLES A J, PATACCHINI E. Spatial determinants of productivity: analysis for the regions of Great Britain [J]. Regional science and urban economics, 2006, 36 (6): 727 - 752.

[44] GRAHAM D J. Wider economic benefits of transport improvements: link between agglomeration and productivity: stage 2 report [J] The National academies of sciences, engineering, and medicine. 2006 (4): 1 - 162.

[45] VENABLES A J. Evaluating urban transport improvements: costbenefit analysis in the presence of agglomeration and income taxation [J]. Journal of transport economics and policy (JTEP), 2007, 41 (2): 173 - 188.

[46] HOLL A. Transport infrastructure, agglomeration economies, and firm birth: empirical evidence from Portugal [J]. Journal of regional science, 2004, 44 (4): 693 - 712.

[47] MORI T, NISHIKIMI K. Economies of transport density and

industrial agglomeration [J]. Regional science and urban economics, 2002, 32 (2): 167-200.

[48] GRAHAM D J. Agglomeration, productivity and transport investment [J]. Journal of transport economics and policy, 2007, 41 (3): 317-343.

[49] RAWNSLEY T, FINNEY B, SZAFRANIEC J. Riding the smart bus: Knowledge workers, agglomeration economies and public transport use [C] //Australian Institute of Traffic Planning and Management (AITPM) National Conference, 2011.

[50] GRAHAM D J. Variable returns to agglomeration and the effect of road traffic congestion [J]. Journal of urban economics, 2006, 62 (1): 103-120.

[51] 刘修岩. 集聚经济、公共基础设施与劳动生产率：来自中国城市动态面板数据的证据 [J]. 财经研究, 2010 (5): 91-101.

[52] 张浩然, 衣保中. 基础设施、空间溢出与区域全要素生产率：基于中国266个城市空间面板杜宾模型的经验研究 [J]. 经济学家, 2012, 24 (2): 61-67.

[53] 周文通, 陆军, 孙铁山. 发展轨道交通能否促进北京产业扩散? [J]. 经济与管理研究, 2016 (12): 90-97.

[54] 金煜, 陈钊, 陆铭. 中国的地区工业集聚：经济地理, 新经济地理与经济政策 [J]. 经济研究, 2006 (4): 79-89.

[55] 陆根尧, 林永然. 交通基础设施对经济集聚的门槛效应研究：基于浙江省的实证分析 [J]. 区域经济评论, 2015, 0 (5): 36-40.

[56] 李红昌, LINDA T, 胡顺香. 中国高速铁路对沿线城市经济集聚与均等化的影响 [J]. 数量经济技术经济研究, 2016 (11): 127-143.

[57] HARVEY D. Social justice and the city [M]. London: The Johns hopkins university press, 1973.

[58] HARVEY D. The urbanization of capital: Studies in the history and theory of capitalist urbanization [M]. London: The Johns hopkins university press, 1985.

[59] DIXIT A K, STIGLITZ J E. Monopolistic competition and optimum product diversity [J]. The American economic review, 1977, 67 (3): 297-308.

[60] KRUGMAN P R. Development, geography, and economic theory [M]. Cambridge: The MIT press, 1997.

[61] KRUGMAN P. What's new about the new economic geography? [J]. Oxford review of economic policy, 1998, 14 (2): 11.

[62] BARRO R J, SALA-I-MARTIN X. Technological diffusion, convergence, and growth [J]. Journal economic growth, 1997. 2 (1): 1-26.

[63] REDDING S, VENABLES A J. Economic geography and international inequality [J]. Journal of international economics, 2003, 62 (1): 53-82.

[64] VENABLES A J. Trade policy, cumulative causation, and industrial development [J]. Journal of development economics, 1996, 49 (1): 179-197.

[65] PUGA D, VENABLES A J. The spread of industry: spatial agglomeration in economic development [J]. Journal of Japanese and international economies, 1996, 10 (4): 440-464.

[66] FUJITA M, KRUGMAN P R, VENABLES A J, et al. The spatial economy: Cities, regions and international trade [M]. Cambridge: The MIT press, 1999.

[67] KRUGMAN P. What's new about the new economic geography?

[J] . Oxford review of economic policy, 1998, 14 (2): 11.

[68] BALDWIN R E, FORSLID R. The core - periphery model and endogenous growth: stabilizing and destabilizing integration [J] . Economica, 2000, 67 (267): 307 -324.

[69] FORSLID R, OTTAVIANO G I. An analytically solvable core-periphery model [J] . Journal of economic geography, 2003 (3): 229 -240.

[70] BALDWIN R E. Core-periphery model with forward-looking expectations [J] . Regional science and urban economics, 2001, 31 (1): 21 -49.

[71] MOSSAY P. The core-periphery model: A note on the existence and uniqueness of short-run equilibrium [J] . Journal of urban economics, 2005, 59 (3): 389 -393.

[72] IKEDA K, AKAMATSU T, KONO T. Spatial period-doubling agglomeration of a core: periphery model with a system of cities [J] . Journal of economic dynamics and control, 2012, 36 (5): 754 -778.

[73] GROSSMAN G M, Helpman E. Innovation and growth in the global economy [M] . Cambridge: The MIT press, 1993.

[74] ROMER P M. Increasing returns and long-run growth [J] . Journal of political economy, 1986, 94 (5): 1002 -1037.

[75] BALDWIN R E, MARTIN P. Agglomeration and regional growth// HENDERSON, V. , THISSE, J. F. Handbook of regional and urban economics [M] . Amsterdam: Elsevier, 2004: 2671 -2711.

[76] BALDWIN R E, MARTIN P, OTTAVIANO G I. Global income divergence, trade, and industrialization: The geography of growth take-offs [J] . Journal of economic growth, 2001, 6 (1): 5 -37.

[77] PAELINCK J H P, KLAASSEN L H, ANCOT J P, et al. Spatial econometrics [M]. London: Saxon house, 1979.

[78] CLIFF A, ORD J. Spatial Processes: Models and Applications [M]. London: Pion limited, 1981.

[79] ANSELIN L. Thirty years of spatial econometrics [J]. Papers in regional science, 2010, 89 (1): 3-25.

[80] ELHORST J P. Matlab software for spatial panels [J]. International regional science review, 2014, 37 (3): 389-405.

[81] ORD K. Estimation methods for models of spatial interaction [J]. Journal of the American statistical association, 1975, 70 (349): 120-126.

[82] LEE L F. Asymptotic distributions of quasi-maximum likelihood estimators for spatial autoregressive models [J]. Econometrica, 2004, 72 (6): 1899-1925.

[83] ANSELIN L. Spatial econometrics: methods and models [M]. Berlin: Springer science & business media, 2013.

[84] KELEJIAN H H, PRUCHA I R. A generalized moments estimator for the autoregressive parameter in a spatial model [J]. International economic review, 1999, 40 (2): 509-533.

[85] LESAGE J P. Bayesian estimation of spatial autoregressive models [J]. International regional science review, 1997, 20 (1-2): 113-129.

[86] LESAGE J P, PACE R K. Spatial econometric models//Handbook of applied spatial analysis [M]. Berlin: Springer, 2010: 355-376.

[87] 林光平，龙志和，吴梅．我国地区经济收敛的空间计量实证分析：1978—2002 年［J］．经济学（季刊），2005（S1）：67-82.

[88] 吴玉鸣．中国省域经济增长趋同的空间计量经济分析［J］．数量经济技术经济研究，2006（12）：101－108.

[89] 胡思继．综合运输工程学［M］．北京：北京交通大学出版社，2005.

[90] 王庆云．交通运输发展理论与实践［M］．北京：中国科学技术出版社，2006.

[91] 荣朝和．综合交通运输体系研究：认知与建构［M］．北京：经济科学出版社，2013.

[92] RODRIGUE，COMTOIS，SLACK. 交通运输地理［M］．王建伟，付鑫，译．北京：人民交通出版社，2014.

[93] 普拉夫金 H. B.，涅格列依 B. Я. 枢纽内各种运输方式的协调［M］．刘其斌，祝静茹，马桂贞，等译．北京：中国铁道出版社，1988.

[94] HOOVER E M. Location of economic activity［M］. New York：McGraw-Hill book company，inc.，1948.

[95] PERROUX F. Economic space：theory and applications［J］. The quarterly journal of economics，1950，64（2）：89－104.

[96] KONISHI H. Formation of hub cities：transportation cost advantage and population agglomeration［J］. Journal of urban economics，1999，48（1）：1－28.

[97] Tan T Y. Port cities and hinterlands：A comparative study of Singapore and Calcutta［J］. Political geography，2007，26（7）：851－865.

[98] DUCRUET C，LEE S W. Frontline soldiers of globalisation：Port-city evolution and regional competition［J］. GeoJournal，2006，67（2）：107－122.

[99] COHEN J，MONACO K. Ports and highways infrastructure：an analysis of intra-and interstate spillovers［J］. International

regional science review, 2008, 31 (3): 257-274.

[100] LEE S W, SONG D W, DUCRUET C. A tale of Asia's world ports: the spatial evolution in global hub port cities [J]. Geoforum, 2008, 39 (1): 372-385.

[101] ADOLF K Y, GUJAR G C. The spatial characteristics of inland transport hubs: evidences from Southern India [J]. Journal of transport geography, 2008, 17 (5): 346-356.

[102] 刘俊生. 交通枢纽城市发展策略浅议 [J]. 城市, 1998 (2): 3-5.

[103] 张复明. 区域性交通枢纽及其腹地的城市化模式 [J]. 地理研究, 2001, 20 (1): 48-54.

[104] 王冬梅, 姜帆. 城市大型客运交通枢纽国民经济效益分析 [J]. 数量经济技术经济研究, 2003 (7): 40-43.

[105] 吴松弟. 港口-腹地与中国现代化的空间进程 [J]. 河北学刊, 2004, 24 (3): 160-166.

[106] 黎鹏, 张洪波. 论港口-腹地经济地域系统的客观存在性及其形成发展的主要影响因素 [J]. 长春师范学院学报, 2004, 23 (10): 79-83.

[107] 郎宇, 黎鹏. 论港口与腹地经济一体化的几个理论问题 [J]. 经济地理, 2005, 25 (6): 767-770.

[108] 朱传耿, 刘波, 李志江. 港口-腹地关联性测度及驱动要素研究: 以连云港港口-淮海经济区为例 [J]. 地理研究, 2009, 28 (3): 716-725.

[109] 李煜伟, 倪鹏飞. 外部性、运输网络与城市群经济增长 [J]. 中国社会科学, 2013 (3): 22-42.

[110] 杨凡. 航空港对城市经济增长的影响研究: 基于我国35个大中型城市的分析 [D]. 上海师范大学, 2014.

[111] 梁双陆, 崔庆波. 中国沿边开放中的交通枢纽与城市区位

[J]．经济问题探索，2014，35（11）：12－20.

[112] 阳明明，韦琦．基于空间经济理论模型的交通枢纽物流量长期预测 [J]．统计与决策，2015（24）：12－16.

[113] 周敏炜．完善枢纽功能发展枢纽经济 [J]．江南论坛，2003（7）：16－17.

[114] 肖娥芳．湖北交通枢纽型乡镇经济发展模式研究 [J]．特区经济，2009（6）：179－181.

[115] 李宏．韶关交通枢纽建设在经济发展中的作用分析 [J]．中国市场，2008（15）：60－61.

[116] 董晓菲，王荣成，韩增林．港口-腹地系统空间结构演化分析：以大连港-辽宁经济腹地系统为例 [J]．经济地理，2010，30（11）：1761－1766.

[117] 蔡云辉．交通枢纽城市的旅游交通与旅游业：以宝鸡市为例 [J]．经济研究导刊，2011（1）：171－173.

[118] 刘赫．北京市铁路客运交通枢纽的空间经济效应研究 [D]．北京：北京交通大学，2012.

[119] 陆琳．贵州省铁路交通枢纽综合评价研究 [D]．贵州：贵州财经大学，2014.

[120] 姜伟，杨亚璪，张伟勇，等．区域交通枢纽与经济发展适应度研究 [J]．交通运输研究，2016（4）：9－13.

[121] 戴东生．“一带一路”海陆联运枢纽发展研究：以宁波为例 [J]．城市观察，2014（6）：30－36.

[122] 肖昭升．新疆构建丝绸之路经济带核心区交通枢纽中心战略思考 [J]．综合运输，2015（S1）：4－9.

[123] RIVERA-BATIZ L A，ROMER P M. Economic integration and endogenous growth [J]．The quarterly journal of economics，1991，106（2）：531－555.

[124] LUCAS R E. On the mechanics of economic development [J]．

Journal of monetary economics, 1988, 22 (1): 3-42.

[125] ROSENSTEIN-RODAN P N. Problems of industrialisation of eastern and south-eastern Europe [J]. The economic journal, 1943, 53 (210/211): 202-211.

[126] ROSTOW W W. The stages of economic growth [J]. The economic history review, 1959, 12 (1): 1-16.

[127] WU N, ZHAO S, ZHANG Q. A study on the determinants of private car ownership in China: Findings from the panel data [J]. Transportation research part A: Policy and practice, 2016 (85): 186-195.

[128] ANAS A, ARNOTT R, SMALL K A. Urban spatial structure. [J]. Journal of economic literature, 1998, 36 (3): 1426-1464.

[129] ALONSO W. Location and land use: Toward a general theory of land rent [M]. Cambridge: Harvard university press, 1964.

[130] BANISTER D, BERECHMAN J. Transport investment and economic development [M]. London: Routledge, 2003.

[131] MUNNELL A H. Policy watch: infrastructure investment and economic growth [J]. The journal of economic perspectives, 1992, 6 (4): 189-198.

[132] ASCHAUER D A. Highway capacity and economic growth [J]. Economic perspectives, 1990, 14 (5): 4-24.

[133] MELITZ M J, OTTAVIANO G I. Market size, trade, and productivity [J]. The review of economic studies, 2008, 75 (1): 295-316.

[134] BALDWIN R E, OKUBO T. Heterogeneous firms, agglomeration and economic geography: spatial selection and sorting [J].

Journal of economic geography, 2006, 6 (3): 323 - 346.

[135] 赵坚. 引入空间维度的经济学分析及我国铁路问题研究 [M]. 北京：中国经济出版社, 2009.

[136] AHLFELDT G M, MOELLER K, WENDLAND N. Chicken or egg? The PVAR econometrics of transportation [J]. Journal of economic geography, 2015, 15 (6): 1169 -1193.

[137] BUTTON K. What can meta-analysis tell us about the implications of transport? [J]. Regional studies, 1995, 29 (6): 507 - 517.

[138] MELO P C, GRAHAM D J, BRAGE-ARDAO R. The productivity of transport infrastructure investment: A meta-analysis of empirical evidence [J]. Regional science and urban economics, 2013, 43 (5): 695 - 706.

[139] BOARNET M G. Spillovers and the locational effects of public infrastructure [J]. Journal of regional science, 1998, 38 (3): 381-400.

[140] FUJITA M, THISSE J F. Economics of agglomeration: Cities, industrial location, and globalization [M]. 2nd edition. Cambridge: Cambridge university press, 2013.

[141] HOLTZ-EAKIN D, SCHWARTZ A E. Spatial productivity spillovers from public infrastructure: Evidence from state highways [J]. International tax and public finance, 1996, 2 (3): 459 - 468.

[142] COHEN J P, MORRISON PAUL C J. Airport infrastructure spillovers in a network system [J]. Journal of urban economics, 2003, 54 (3): 459 - 473.

[143] COHEN J P., PAUL C J. M. Public infrastructure investment, interstate spatial spillovers, and manufacturing costs [J].

Review of economics and statistics, 2004, 86 (2): 551 - 560.

[144] COHEN J, MONACO K. Ports and Highways Infrastructure [J]. International regional science review, 2008, 31 (3): 257 - 274.

[145] SLOBODA B W, YAO V W. Interstate spillovers of private capital and public spending [J]. The annals of regional science, 2008, 42 (3): 505 - 518.

[146] JIWATTANAKULPAISARN P, NOLAND R B, GRAHAM D J. Causal linkages between highways and sector-level employment [J]. Transportation research part A: policy and practice, 2010, 44 (4): 265 - 280.

[147] CANTOS P, GUMBAU ALBERT M, MAUDOS J. Transport infrastructures, spillover effects and regional growth: evidence of the Spanish case [J]. Transport reviews, 2005, 25 (1): 25 - 50.

[148] ÁLVAREZ-AYUSO I C, DELGADO-RODRIGUEZ M J. High-capacity road networks and spatial spillovers in Spanish regions [J]. Journal of transport economics and policy, 2012, 46 (2): 281 - 292.

[149] ÁLVAREZ-AYUSO I C, CONDEÇO-MELHORADO A M, GUTIÉRREZ J, et al. Integrating network analysis with the production function approach to study the spillover effects of transport infrastructure [J]. Regional studies, 2016, 50 (6) 996 - 1015.

[150] 洪世键，张京祥．交通基础设施与城市空间增长：基于城市经济学的视角［J］．城市规划，2010，34（5）：29 - 34.

[151] 张浩然，衣保中．基础设施、空间溢出与区域全要素生产率：基于中国 266 个城市空间面板杜宾模型的经验研究

[J]．经济学家，2012，2（2）：61-67.

[152] 雒占福，张瑞雪，梁炳伟，等．基于协整分析的城市基础设施与城市空间增长关系研究：以兰州市为例［J］．干旱区资源与环境，2015（11）：55-60.

[153] YU N，De JONG M，STORM S，et al. Spatial spillover effects of transport infrastructure：evidence from Chinese regions［J］. Journal of transport geography，2013，28（4）：56-66.

[154] SONG L，VAN GEENHUIZEN M. Port infrastructure investment and regional economic growth in China：Panel evidence in port regions and provinces［J］. Transport policy，2014，36（11）：173-183.

[155] JIANG XS，ZHANG L，XIONG C F，et al. Transportation and regional economic development：analysis of spatial spillovers in China provincial regions［J］. Networks and spatial economics，2016，16（3）：769-790.

[156] 胡鞍钢，刘生龙．交通运输，经济增长及溢出效应：基于中国省际数据空间经济计量的结果［J］．中国工业经济，2009（5）：5-14.

[157] 刘勇．交通基础设施投资、区域经济增长及空间溢出作用：基于公路、水运交通的面板数据分析［J］．中国工业经济，2010（12）：37-46.

[158] 李忠民，刘育红，张强．“新丝绸之路”交通基础设施，空间溢出与经济增长:基于多维要素空间面板数据模型［J］．财经问题研究，2011（4）：116-121.

[159] 张学良．中国交通基础设施促进了区域经济增长吗：兼论交通基础设施的空间溢出效应［J］．中国社会科学，2012（3）：60-77.

[160] 张光南，宋冉．中国交通对“中国制造”的要素投入影响

研究［J］．经济研究，2013，48（7）：63－75.

［161］李涵，唐丽淼．交通基础设施投资、空间溢出效应与企业库存［J］．管理世界，2015（4）：126－136.

［162］杨晨，韩庆潇，徐芹芹．交通基础设施、空间溢出对城市化进程的影响：基于省级面板数据的分析［J］．城市问题，2015（12）：62－68.

［163］胡煜，李红昌．交通枢纽对城市集聚经济的影响研究：基于中国地级市数据的实证研究［J］．经济问题探索，2017（2）：76－83.

［164］胡煜，李红昌．交通枢纽等级的测度及其空间溢出效应：基于中国城市面板数据的空间计量分析［J］．中国工业经济，2015（5）：32－43.

［165］白寿彝．中国交通史［M］．北京：团结出版社，2007.

［166］贝洛克．城市与经济发展［M］．肖勤福，译．南昌：江西人民出版社，1991.

［167］孔哲，孙相军．交通枢纽城市分级方法研究［A］．中国科学技术协会、贵州省人民政府．第十五届中国科协年会第11分会场：综合交通与物流发展研讨会论文集［C］．中国科学技术协会、贵州省人民政府：中国科学技术协会学会学术部，2013：5.

［168］MACQUEEN J. Some methods for classification and analysis of multivariate observations//Proceedings of the fifth berkeley symposium on mathematical statistics and probability, volume 1: statistics［C］. The regents of the university of California, 1967.

［169］余静文，王春超．城市圈驱动区域经济增长的内在机制分析：以京津冀、长三角和珠三角城市圈为例［J］．经济评论，2011（1）：69－78，126.

［170］朱虹，徐琰超，尹恒．空吸抑或反哺：北京和上海的经济辐

射模式比较［J］．世界经济，2012（3）：111－124.
［171］武义青，李泽升．京津冀城市群经济密度的时空分异研究：兼与长三角、珠三角城市群的比较［J］．经济与管理，2015（3）：17－22.
［172］罗润东，刘文．人力资本对区域经济发展的作用及其评价：京津冀、长三角、珠三角人力资本竞争力比较［J］．学术月刊，2008（8）：86－91.
［173］周立群，江霈．京津冀与长三角产业同构成因及特点分析［J］．江海学刊，2009（1）：93－99.
［174］余静文，王春超．城市群落崛起、经济集聚与全要素生产率：基于京津冀、长三角和珠三角城市圈的分析［J］．产经评论，2011（3）：140－150.
［175］孙东琪，张京祥，胡毅，等．基于产业空间联系的“大都市阴影区”形成机制解析：长三角城市群与京津冀城市群的比较研究［J］．地理科学，2013（9）：1043－1050.
［176］刘建朝，高素英．基于城市联系强度与城市流的京津冀城市群空间联系研究［J］．地域研究与开发，2013（2）：57－61.
［177］张广胜．物流竞争力对区域经济发展影响机制研究：基于京津冀、长三角、珠三角经济圈实证研究［J］．企业经济，2015（8）：151－155.
［178］蔡之兵，满舰远．中国超大城市带动区域经济增长的效应研究［J］．上海经济研究，2016（11）：3－11.
［179］潘文卿．中国的区域关联与经济增长的空间溢出效应［J］．经济研究，2012（1）：54－65.
［180］赵增耀，夏斌．市场潜能，地理溢出与工业集聚：基于非线性空间门槛效应的经验分析［J］．中国工业经济，2012（11）：71－83.
［181］HARRIS C D. The, Market as a factor in the localization of

industry in the United States [J]. Annals of the association of American geographers, 1951, 41 (4): 315-348.

[182] 刘辉，申玉铭，孟丹，等. 基于交通可达性的京津冀城市网络集中性及空间结构研究 [J]. 经济地理，2013 (8): 37-45.

[183] DEL BO C F, FLORIO M. Infrastructure and growth in a spatial framework: evidence from the EU regions [J]. European planning studies, 2012, 20 (8): 1393-1414.

[184] JIWATTANAKULPAISARN P, NOLAND R B, Graham D J. Causal linkages between highways and sector-level employment [J]. Transportation research part A: Policy and practice, 2010, 44 (4): 265-280.

[185] BOARNET M G. Spillovers and the locational effects of public infrastructure [J]. Journal of regional science, 1998, 38 (3): 381-400.

[186] 王红亮，胡伟平，吴驰. 空间权重矩阵对空间自相关的影响分析：以湖南省城乡收入差距为例 [J]. 华南师范大学学报（自然科学版），2010 (1): 110-115.

[187] 柯善咨. 中国城市与区域经济增长的扩散回流与市场区效应 [J]. 经济研究，2009 (8): 85-98.

[188] 单豪杰. 中国资本存量K的再估算：1952—2006年 [J]. 数量经济技术经济研究，2008 (10): 17-31.

[189] OH K Y. Purchasing power parity and unit root tests using panel data [J]. Journal of international Money and Finance, 1996, 15 (3): 405-418.

[190] LEVIN A, LIN C F, CHU S J. Unit root tests in panel data: asymptotic and finite-sample properties [J]. Journal econometrics, 2002, 108 (1): 1-24.

[191] IM K S, PESARAN M H, SHIN Y. Testing for unit roots in heterogeneous panels [J] . Journal econometrics, 2003, 115 (1): 53 - 74.

[192] MADDALA G S, WU S. A comparative study of unit root tests with panel data and a new simple test [J] . Oxford bulletin of economics and statistics, 1999, 61 (S1): 631 - 652.

[193] HADRI K. Testing for stationarity in heterogeneous panel data [J] . The econometrics journal, 2000, 3 (2): 148 - 161.

[194] CHOI I. Unit root tests for panel data [J] . Journal of international money and finance, 2001, 20 (2): 249 - 272.

[195] WESTERLUND J. Testing for error correction in panel data [J] . Oxford bulletin of economics and statistics, 2007, 69 (6): 709 - 748.

[196] CICCONE A, HALL R E. Productivity and the density of economic activity [J] . The American economic review, 1996, 86 (1): 54 - 70.

[197] 范剑勇. 产业集聚与地区间劳动生产率差异 [J] . 经济研究, 2006 (11): 72 -81.

中国交通枢纽的空间溢出效应研究

官方微信公众号

责任编辑：韩素华
封面设计：七星博纳

ISBN 978-7-5121-4350-0

定价：48.00元